全米は、泣かない。

伝え方のプロたちに聞いた
刺さる言葉のつくり方

五明拓弥
GOMEI
TAKUYA
芸人

あさ出版

はじめに

僕の職業は芸人。

グランジというトリオを組んでいて、よしもとクリエイティブ・エージェンシーに所属している。芸人の僕がなぜ、広告業界の方々と対談をして本を出版することになったのか。その経緯を簡単に説明しようと思う。

2015年、電通の澤本嘉光さんに「ラジオCMをつくってみないか?」と誘っていただき、初めてCMをつくった（経緯など詳しくは、澤本さんとの対談のイントロで）。そのラジオCMをTCC新人賞という広告賞に応募した。

それまで知らなかったのだが、広告業界にはいくつかの広告賞がある。その中でも、東京コピーライターズクラブという団体が主催するTCC賞というものが特に大きな賞らしく、TCC新人賞に選ばれれば、東京コピーライターズクラブへの入会資格が与えられる。

なんと、僕が初めてつくったラジオCMが2016年TCC新人賞に選ばれてしまったのだ。

すぐに思った。

「どうにか今後、CMをつくる仕事を増やしていけないだろうか……」。

もちろん、そんな甘い世界ではないのはわかっている。しかし、そう思うにはひとつ理由があった。それは、CMのつくり方がお笑いのネタのつくり方に似ていたからだ。

コントのネタづくりは、まず設定を考えて、その設定で面白くなる登場人物を考え、ストーリーをつくる（考える順番は前後する）。

CMはクライアントから指示された設定やルールの中で、登場人物を考えて、ストーリーをつくる（たぶん）。大まかなつくり方にそんなに差がないように感じた。芸人人生で培ってきた脳みその使い方を流用できるかもしれないと思ったのだ。何よりつくってみて楽しかったし、実際にそのCMが放送された時の喜びが大きかったことが、今後もCMをつくる仕事をやってみたくなったいちばんの理由だ。

と、思ったものの、広告の仕事をどのように増やしていけばいいかがわからない。そもそも広告の知識もない。数か月、立ち往生している時に、

「今後、広告の仕事をしていきたい五明さんが、一流のCMプランナーやコピーライターに

聞きたいことを聞く対談本を出しませんか？」
と話を頂いた。断る理由がない。こうして、芸人である僕と広告業界の方々との対談をまとめた本を出版することになった。

決定した対談相手が凄い。

ソフトバンクモバイルの「白戸家シリーズ／ホワイト家族」などのCMを手掛ける僕の恩人、**澤本嘉光**さん。

auの「三太郎シリーズ」のCMなどを手掛ける**篠原誠**さん。

資生堂のTSUBAKI「日本の女性は、美しい。」、新潮文庫「Yonda?」などのコピーを手掛け、宣伝会議のコピーライター養成講座で講師を務める**谷山雅計**さん。

女性の心に刺さるLUMINEの「試着室で思い出したら、本気の恋だと思う。」などのコピーを手掛ける**尾形真理子**さん。

大塚食品のビタミン炭酸ＭＡＴＣＨ「青春がないのも、青春だ。」やカロリーメイト「とどけ、熱量。」などのＣＭを手掛ける**福部明浩**さん。

映画『仁義なき戦い』などのコピーを手掛け、日本にたった1人しかいない映画惹句《じゃっく》師《し》、**関根忠郎**さん。

最後に特別対談として、僕の先輩であり芥川賞作家のピース**又吉直樹**さん。

このような方々が一流になるまでにやってきたことや、多くの人の心に刺さるキャッチコピーやＣＭのつくり方、上手くアイディアが出せず行き詰まったときの解決方法までいろんなことを話してくださった。キャッチコピーやＣＭに興味がある人は勿論、広告以外で言葉を扱う仕事をしようとしている人、自分の考えていることがなかなか伝えられないと悩んでいる人にも是非、読んでいただきたい。

ちなみに『全米は、泣かない。』というタイトルは出版の担当の方がつけた。つい安直な言葉や表現に頼ってしまっている人に響くのではないかという想いからタイトルにしたらしい。

実は、ひとつ後悔していることがある。

折角、本を手に取って今こうして「はじめに」を読んでくれているみなさんにこんなことを書くのはどうかと思うが、僕はこの本を出版したことを後悔している。

各章の最後にある課題企画のせいだ。特別対談の又吉さん以外の6名の方々から対談後、僕に課題を出してもらう。その課題に対する答えを僕が考えて、提出し、それぞれに添削と講評をもらうという企画だ。

対談を載せるだけで終われば、何も問題はなかった。しかし課題と添削、講評を本に載せるとなったらどうだろうか。僕が面白いと思うことを真剣に考えて、それに一流クリエイターのごもっともなダメ出しが入る。それを目にする読者。……ほら。

僕が面白くない人だと思われちゃう。

「一流クリエイターにダメ出しもらえるなんて、勉強になるじゃん。こっちは忙しいなか読んでるんだから、後悔したとか愚痴ってんじゃねぇよタコ」

その通りだ。弱い僕へ、お叱りの言葉をくれた、愛すべき読者にこの言葉をお返ししたい。

うるさい。

なぜ課題企画が立ち上がり、なぜ僕は承諾してしまったのか。初めての出版の話に浮かれていたせいか全く記憶にない。しかし、刷ってしまったものは仕方がない。ニヤつきながら読んでいただきたい。くれぐれも、「初心者が考えた」ということは忘れずに。

「はじめに」改め「いいわけ」はこの辺までにしてそろそろ本編へ。

最後に。

折角、こうして読んでくれているのにさっきは「うるさい。」などと言ってしまいごめんね。

もくじ

篠原誠さんに聞く
アイディアを考え続ける技術 59

谷山雅計さんに聞く
なぜ最高のプロポーズは「結婚してください」なのか?

尾形真理子さんに聞く
どうすれば女性に響くコピーが書けるのか？

福部明浩さんに聞く

世の中に広がりやすい言葉はどのようにつくるのか？

関根忠郎さんに聞く

「全米が、泣いた。」を使わずに、映画が見たくなるコピーをどのように書いているのか？

【特別対談】又吉直樹×五明拓弥

又吉直樹はどのように小説を書いて、どのようにネタをつくっているのか？

ブックデザイン　吉岡秀典（セプテンバーカウボーイ）
編集協力　本多小百合
校正　鴎来堂／槇一八

CMプランナー

澤本嘉光さんに聞く

天才じゃないからこそ、クリエイティブであり続けるためにやっていること

澤本嘉光《さわもとよしみつ》 1966年生まれ。学生時代に電通クリエイティブ塾に参加。新卒で電通に入社し、コピーライターを経て、CMプランナーに。2009年にエグゼグティブ・クリエイティブディレクターに就任。代表作にソフトバンクモバイル「ホワイト家族」、東京ガス「ガス・パッ・チョ!」、中央酪農会議「牛乳に相談だ。」など。クリエイター・オブ・ザ・イヤー（2000年、06年、08年）、カンヌ国際広告祭銀賞・銅賞、ADFEST（アジア太平洋広告祭）グランプリ、クリオ賞金賞・銀賞、TCC賞 グランプリ、ACCグランプリなど受賞多数。

【澤本さん、勉強させていただきました】

澤本さんと出会っていなければ、僕はラジオCMをつくっていない。感謝に順番などつけるものではないとは思うが、いちばん感謝をしなければならない人だ。

まずは、澤本さんとの出会いを説明しようと思う。僕が組んでいるトリオの相方・遠山がACC CM FESTIVAL（現・ACC TOKYO CREATIVITY AWARDS）という広告賞のラジオCM部門の審査員をやっていた。そこの審査委員長が澤本さんだった。審査を終えた遠山は、あろうことか「僕でもラジオCMつくれそうですわ、ガハハハハッー！」と澤本さんに言い放ったらしい。「遠山さん……そう言うなら実際につくってみなさい」という流れになり、遠山がなぜか僕を誘ってくれた。こうして澤本さんと出会うことができた。

ラジオCMをつくらせてもらったこと以外にも、澤本さんがパーソナリティをしているラジオ番組に出演させてもらったり、広告業界の雑誌での対談、また違う会社のラジオCMをつくらせてもらったりと本当にお世話になりっぱなしだ。そして、今回の対談まで。澤本さんには足を向けて寝られない。と思っていても寝返りで足を向けてしまう可能性がある。なので、一生寝ない。でも、それは無理なので、極力寝返りをうたないような睡眠を心掛けたいと思う。

いざ、対談が始まり澤本さんに聞きたかった質問をぶつけると、素人の僕にもわかりやすく噛み砕いて説明してくださった。

たとえば、コピーライターの新人はなぜコピー年鑑を書き写すといいのか？

1つは、いろんなコピーを覚えるという目的。もう1つはボディーコピーを書き写していると、どこに句読点を入れたら気持ちがいいのか、今書いている文章がだいたいどのくらいの長さなのかを身体で覚えることができるらしい。わかりやすい様にと、澤本さんが昔、書き写していたコピー年鑑を持ってきて説明してくれた。

お忙しいので対談時間60分の予定だったのだが、倍近い時間を割いていただき、いろんな話を聞くことができた。

「CMをつくりたい人がまずやるべきこと」「クリエイティブにいちばん大切なことは何か」「澤本さんでも企画や脚本を考えるのはいつも難産」「アイディアが思いつかない時に何をして解決の糸口を見つけるのか」「どんな人がCMプランナーに向いているのか」などなど。澤本さんが喋る糸井重里さんのエピソードまで。

最後に澤本さんへの感謝の言葉をいろいろと考えたがこの言葉しかない。

本当にありがとうございます！

なぜ過去の作品を書き写すと文章が上手くなるのか？

1年目はコピー年鑑を書き写していた

五明　澤本さんは僕にとって、全てのきっかけをつくってくれた人なので、今回もし澤本さんから対談NGが出たら、この出版の話はお断りしようかと思ってました。

澤本　いやいや、そんな。嘘つかないでください。

五明　すいません、嘘です（笑）。早速なんですが、僕ら芸人は、若手の頃、舞台袖で先輩のネタを見て「ネタって、こういうものなんだ」と勉強するんですけど、澤本さんが1年目の時はコピーやCMを学ぶためにどんなことをしたんですか？

澤本　入社して1年目は、先輩について仕事を覚えます。僕がついた先輩に「暇なら、東京コピーライターズクラブから毎年1冊、その年につくられた優れた広告をまとめた『コピー年鑑』というのが出ているから、それを読んで自分が好きなコピーを書き写せ」と言われました。キャッチコピーを1行、写すだけではなくボディコピー〈※1〉まで全部書き写せと言われて。

五明　ボディコピーって長いやつですよね。

澤本　そう、長いやつです。僕はよく1980年代の広告を書き写していたんだけど、当時は新聞広告が盛んだったから、2000字のボディコピーとかもあって……。読むと面白いんですけど、写すのはしんどい。だから、短めのものを選んでました（笑）。でも、コピーを学ぶには、おそらくいい作品を写すことはとてもよい学習法だと思いますね。

原稿用紙に横書きで写すワケ

五明　写すことによって分かることって、あるんですか？

澤本　20×20の原稿用紙に横書きで写すんですが、そうするとだいたいどれくらいの長さで「。」がくるかが何となく分かるんです。何も考えずに書いていると、長い文章って、「、」でずっと続けちゃうんですが、だいたい一文を3行以上にわたって書くコピーはない。上手いコピーって、句点に書き手のリズムがあって、それも写すと分かってくるんです。

〈1〉ポスターなどで、商品を詳しく説明するために書かれる文章。広告に目を留めた消費者に商品やブランドへの理解を促し、魅力を伝える役割を持つ。文字数が多いため、キャッチコピーよりも小さな字で書かれる。

五明　それを身体で覚える感じなんですかね。

澤本　そうですね。読んでいるだけでは分からないけど、書いてみると、3行を越える、つまり60文字を越える文章は、人間には読みづらいというのが感覚的に分かる。

五明　へぇー。

澤本　書き写して内容を覚えているというよりは、これくらいで切っておくと読みやすいなとか、書いていくのにリズムってあるんだなとか。こうして学んだことが実践に自然と活きてくるようになる。

昔のボディコピーを書き写すことで得られるモノ

澤本　昔は長いボディコピーが多かったんです。商品広告だけでなく企業広告もあったので。その中には文章として、すごく上手な文章がたくさんありました。

五明　昔の新聞にですか？

澤本　そうですね。これを1日1個写していて気づいたのは、それまでキャッチコピーばっかり読んでいてボディコピーなんて、ほとんど読んでいなかったんですけど、読んでいくと、やっぱり上手いんです。**キャッチコピーが上手い人はボディコピーもすごくうまい。**当たり前の話だとは思うんですけどね。

五明　今からコピーライターを目指す人はコピー年鑑に載っている新聞を含めたコピーを写すのが、コピーの書き方がよく分かるということですか？

澤本　今は、昔の新聞のコピーを書き写しても新聞広告自体が減っているので、同じような仕事が来るか分からない。ただ、広告として人にモノを伝える時の言い方が、何となく分かるなっていうのはあります。それこそ僕が写していたのは30年ぐらい前のものですけど、今でも役に立っています。

五明　だったら今でも昔のコピーを書き写すのは悪くないですね。

澤本　何かを伝えるときに必要な、切り口や発想の仕方の勉強にもなるから、僕はいいと思ってます。結局、ボディコピーを書くというのは、クライアントが商品について言いたいことに対して、いかに興味を持ってもらえるように言い換えるかという作業なんですね。極端に言えば、文章を短くして、凝縮していきながら、そこにどんなネタを入れるかに尽きるんです。**モノを伝える時の文章の基本みたいなものが詰まっている**と言ってもいいでしょう。だから、長いボディコピーを書き写すのは大変だけれど、文章力もつく。

【肝に銘じます】

ボディコピーを書き写すことで、
文章で何かを伝える時に
大切なことを身体で覚えられる

クリエイティブで大事なことは「知っている」ということ

いちばん大切なことは、アーカイブ

澤本　僕はクリエイティブでいちばん大切なのはアーカイブだと思ってるんですよ。

五明　アーカイブ?

澤本　**過去のいろんな作品について知っているということ**です。ゼロからやろうとするより、「昔、面白いCMがあったな。あのCMとこのCMを混ぜたみたいな感じでやるといいんじゃないのかな」というように発想の材料がある方がやりやすい。だから、同じ広告をつくるチームのメンバーには、そういう知識を持っていてほしいんです。たとえば、90年代のキリンビールのキャンペーンで、『ラガーを飲んだ、それでも乾いていた』というコピーがあるんですけど、最初の打ち合わせで、「今度、担当するこの商品は、あのコピーみたいな。なんとなく若者の写真があって、そういう若者と商品をつなぐようなコピーがポーンとある感じでやりたいよね」と言った時に、アーカイブがあれば、「ああ」と一気に分かるじゃないですか。これを知らない人に説明するのは大変なんですよ。

五明　そうですね。知らない人にイチから説明するのは難しい。

澤本　「今回のクライアントのキャンペーンは、若者の写真があって、それと商品をつなぐようなコピーがあるみたいな感じでやりたいよね。あのラガーのコピーみたいな感じで」と言って、「そうですね」となれば、そこは説明しなくてもできるんです。

五明　確かに、お笑いの打ち合わせをしていて、『笑点』を知らない人がいたら、ああいう番組って言っても分からないですよね。

澤本　これってよく考えたら、広告やお笑いだけでなく、すべてがそうですよね。たとえば、音楽家だって、誰々の演奏みたいな感じとか、何とかフィルの何とかが指揮したみたいな感じとか言った時にみんなの頭の中にそれがあるから、「いいですね」とか「違いませんか」とかいった話が5秒でできる。それができないと説明が大変です。

五明　前に進まないですよね。

アーカイブのある人と一緒に仕事がしたい

澤本　そうすると、アーカイブがたくさんある人、「昔のこういう広告の雰囲気を入れたい」

と言った時にすぐ伝わる人と一緒に仕事がやりたくなる。

五明　はい。

澤本　で、意外と組む人が偏っちゃう。

五明　過去の作品をたくさん知っていることは大事ですね。コピーをいろいろ、過去の作品を書き写して修行していって、2年目以降はCMもつくられていますよね。CMはどういうふうに学んだんですか？

澤本　CMも勉強の仕方は同じです。ラジオCMもテレビCMも、たくさん聞いて、見て、インプットしていたのが役に立ちました。

五明　まずは頭に入れたんですか？

澤本　そうですね。1年目は暇だったというのもありましたし、僕の場合は広告が好きだったので趣味的な感覚で、過去のCMを会社の資料室からいっぱい借りてダーッと見るというのをやっていましたね。

五明　そうだったんですね。とにかく、じゃあ、今からやりたい人は過去の作品を頭にいれておけと？

澤本　そうですね、過去にどういうものがあったかを頭に入れておけば、それと今のものをコラージュできる。コラージュというとパクリみたいですけど、こういう方法があるなと知っていれば新しいことがやりやすいんです。むしろ昔のものを知らないと何が新しいのかさえ分からない。自分では「すごい発明をした！」と思っても、企画を持っていくと「20年くらい前に同じものがあったよ」と言われることもあるんですよ。で、見ると、まんま同じもので。そうなると、さすがに自分で思いついたとしても道義的に出せないじゃないですか。そういうこともあるので、後輩には昔のCMは見ておいた方がいいよと言っています。

天才じゃないからとことんインプットする

五明　他に誰にも教えていない裏ワザみたいなものってありますか？

澤本　裏ワザというわけではないんですが、自分のいる広告の世界とは違った作品を見て「この要素を取り入れてみよう」ということはすごく意識しています。世の中で今、何が面白いんだろうと常に意識して、映画とか芝居は、これを15秒のCMの中に詰め込むとするとどうなるのか、という視点で見ていますね。

五明　全部CMをつくるためのインプットして見ているということですか？

澤本　はい。もうあまり新しいことを考えつく年齢じゃないので、新しく出てきた人たちがなにか面白いことをしていたら知っておく。それを自分で完全に再現するというよりは、後で、「この間こういうのがあって、ここが面白かったんだけど、そんな感じにもつくれるよね」とアイディアを練る時に参考にします。

五明　そういうインプットって、1年目みたいな、そんなに忙しくない時しかできないかもしれないですね。

澤本　先輩は多分、僕がついてくるのが面倒くさいから、「年鑑を見ておけ」とか「資料室に行って何か見てこい」とか言われたんだと思うんですけど、それが結果的に僕としては助かった。

五明　将来の貯金になったということですか？

澤本　まあ、貯金しているのはそこだけですもんね。うん。

五明　後は普段、劇団を観に行ったり、映画を観たり。

澤本　そうですね。天才と言えるようなどんどんアイディアが降ってくるような人だったら何もしなくていいと思うんですけど、自分はそうじゃないって分かっているので。そうすると、何かしら永遠に努力してないと、なんかこう……なんですかね、自分がダメになっちゃうというような異常な恐怖心があって。

五明　澤本さんは天才だって、僕は聞いています。澤本さんでも、企画のアイディアが思いつかないことってあるんですか？

澤本　あります。いつもギリギリです。

五明　思いつかない時はどうしているんですか。

澤本　もうとにかく書き出しまくってます。

アイディアが思いつかない時は、新しい刺激を与えよう

五明　思いつかない時は、僕はちょっと外を散歩してみたりするんですけれど、そんなことはしませんか？

澤本　フラフラしている時にネタを思いつくことは多いかもしれないです。企画を考えようと意識して、普通に椅子に座って考えているだけでは、与えられない刺激を、自分の脳みそに与えようとします。またアーカイブの話になりますけど、誰もが自分の中に無意識のうちに蓄積されているアーカイブがあると思うんです。脳に新しい刺激を与えると、それが玉突きを起こして何かしら出てくることがある。

五明　脳に新しい刺激を与えるためにフラフラする？

澤本　そうですね。例えば、「時計のCM」を考えているのに何も思い浮かばない場合、コーヒーを淹れにいくとする。「時計」について考えていた頭に、「コーヒーを淹れよう」という刺激が与えられることによって、頭の中で玉突きが起こり、喫茶店のあるシーンが浮かんで、CMに結びつくようなことがある。刺激になれば何でもいいんですよ。身体を動かすでも、映画を観るでも。

五明　意外と切羽つまった時の方が良いものができたりすることもあるんですか？

澤本　ありますね。〆切で追い込まれてヤバい時にできたものと、逆に、オリエンテーションを受けた瞬間にできるものもあります。「これをやって」と説明の紙を渡された時が、いちばん商品について、新鮮な刺激が入るじゃないですか。ただし、そうやって見て数秒で思いついた時は「今、できました」というと怒られるから、「やります」と言って、ずっと考えたふりをしています（笑）。

【肝に銘じます】

- クリエイティブに一番大事なものはアーカイブ
- 天才じゃないからこそ、インプットが必要
- アイディアが思いつかない時は、意識的に脳に新たな刺激を与える

「型にはまるべきか」問題と「ネタ帳は作るべきか」問題

まずは型を知れ

五明　もう一つお聞きしたいことがあって。僕が以前東京ガスさんのラジオCMを書かせていただいた時に、「型にはまっていないのが良かった」と言ってくださいましたけど、コピーやCMの勉強をすると、型（定型）を知ってしまうことになるから、結果、型にはまる方向に向かっているじゃないですか。それは、どうしたらいいんですか？

澤本　「型を知らないと型を破れない」って聞いたことありませんか。型を知らない人はただの暴れん坊だって言うのにおそらく近いんですけど。**型を知っている方が、実は、型破りになりやすい**と僕は思っていて。五明さんの書いたラジオCMは、**型にはまっていないけれど、CMとして成立していたん**ですよ。だから、おそらく五明さんがラジオ番組に出たりして、ラジオCMを聞いているなかで、だいたいラジオCMってこんなもんだなというのがあって、書いたと思うんです。

五明　そうなのかなぁ。

澤本　僕は型を勉強したからといって、型にはまることはないと思っています。たとえば、野球で基本的な打ち方、こうしておけば間違いないというやり方を自分で学んだら、あとは別にその打ち方をそのまま真似しなくてもいい。**型を覚えたからといって、型通りにやる必要は全くないんです。**

五明　「型を勉強して知る」イコール「型にはまる」ではないんですね。ちなみに、僕が書いたものがCMとして成立していたというのは、僕はCMの型は知らなかったけど、芸人をやっているということで、もしかしたら何か別の、型みたいなものが身についていたんですかね？

澤本　そう思いますよ。よく考えたら、芸人さんがやっていることって掛け合いじゃないですか。だから、たとえば「コント：味噌汁」みたいな設定をして「ごめんね、時間は30秒しかないんだよ」って芸人さんに頼めばそれをCMにできるなと思ったことがあるんです。TVはちょっと難しいけど、ラジオは音声だけだからいけるなと。

五明　そうですね、できると思います。

澤本　芸人さんは漫才やコントなどでテーマを掲げて会話をつくることに慣れているから、それをベースにして、その内容を商品に関するものにすれば、ラジオCMになると思ったんですよね。ネタを自分でつくっている芸人さんなら、訓練すれば皆CMをつくれちゃうんじゃないかと思います。

五明　そうなんですかね。僕、ＣＭをつくる仕事をやってみて、すごく面白かったんですよ。もっとやっていきたいなと思っているんですけど、おっしゃるように他の芸人にもできるんだったら、芸人には広告の世界に来ないでほしいですけどね（笑）。

やっぱり、ネタ帳は必要？

澤本　以前お話しさせていただいた時に、ネタ帳をつくってらっしゃって、そのボツになったネタでＣＭを書いているって、おっしゃっていたじゃないですか。

五明　はい。昔つくったお笑いのネタで意外とイケるのがあって。

澤本　それって実はすごくいいことだと思っているんです。僕はネタ帳をつくっているわけじゃないんですけど、なにか面白いと思ったことを覚えておいて、この商品とあの時のできごとを組み合わせられないかなというふうに考えて、原稿を書いたりもするから。

五明　澤本さんはネタ帳みたいなものは持ってないんですか？

澤本　ネタ帳は持ってないですね。ただ、たまに書き込んだりはしてるな。

五明　ノート的なモノに？

澤本　ノートに書き込んだりはしているんですけど。一度、就職する前に糸井重里さんの授業を受けたことがあって、僕もまったく同じ質問をしたんですよ。「糸井さんは面白いと思ったことを書き留めてるんですか?」って。そうしたら、「いや、書かないで忘れちゃうようなことは重要なことじゃない」って。

五明　カッコいい!

澤本　そう。その時はカッコいいと思ったけど、糸井さんにこの間会った時に、ふと気づいたんです。この人、手帳つくってるじゃん!

五明　本当だ!

澤本　よく考えてみたら、手帳で儲けてるぞと思って、糸井さんに言ったんですよね。「昔、そう言ってたんですよ」って言ったら、糸井さんは「ああ、その時はそうだったね」って。

五明　(爆笑)。

澤本　その時に、ものすごい、たくさんのネタを損したと思って。

五明　(笑)。本当ですよね。澤本さんが昔から思いついたネタを書いておいたら、きっとまだ残ってて。

澤本　それを見返したら良かったかもしれないけども、忘れちゃいました。

五明　でも、確かに一理ありますよね。お笑いのネタでも、忘れちゃうと「何だったっけな」って、その時は悔しいんですけど、「これだ」って言うのは忘れないですもんね。

澤本　そうなんですよ、それは本当に一理あって。でも……（遠い目をして）手帳、書いておけば良かったたな……。

【肝に銘じます】

・型を破れるのは、型を知っているから。まずは型を知れ

・型を覚えても、型通りにやる必要はない

4

アイディアを
実現させるために
必要な
能力とは？

CMプランナーはプロデューサーでもある

五明　CMプランナーに向いているのはどういう人ですか？

澤本　今後もそうかどうかは分からないですけど、CMや動画は、作家として脚本を書くと同時に、他者の手にわたっていろんな変化を遂げていくので、プロデューサーもやらないといけない。面白い脚本も書けて、プロデューサー的な役割ができると強いですよ。面白いCMをつくるにはクライアントや監督、タレントさんとの交渉を結構、粘り強くやらないといけないんですよ。**面白い企画が思いつくだけじゃダメなんです。**たとえば、クライアントに「ここを変えてくれ」と言われたら、この人の言うことを聞きながら全体をどう修正するかということをやっていくんです。ある種、営業活動に近いんですよ。だから、クリエイターというよりは、人と話しながら両方を満たすような解決策を見つけていくっていう……

五明　コミュニケーション能力的なことも必要ということですか？

澤本　そうですね。いろんな人とコミュニケーションをとって企画を磨いていく進め方が苦手な人もいるんですよね。一部でも修正されると自分を全否定されたように感じて、「どうして変えないといけないんですか！　私は絶対にこれがいいと思うんです！」と我を通そうとしてしまう。そこは相手と話しながら「こっちにしますかね」と解決策を見つけていけるといいんですけどね。誰をどう動かしていくと自分がつくりたいものに近付いていくか、ということを考えて実行していかないといけないので。**意外と原稿を書いている時間は全体の10分の1もない**ですよ。

五明　原稿を書いてからの仕事がまた、すごく多いんですね。全体を見られる人じゃないと、ということなんですかね？

澤本　全体を見られるということでもあると思いますね。CMの原稿を書いた時に、だいたい、こうなってほしいっていうイメージがあるじゃないですか。そのイメージに近付けるにはどうしたらいいか、回り道もいっぱいしながら、つくっていく。企画が100点として、100点のまま通せることはないので、少しずつでも点数をあげていくことが大事ですね。今、粘っておいたら点があがるという時は粘らないといけない。**最終的に人が見るのは企画や脚本ではなくて、でき上がったCMですから。**

どこまで磨きあげるべきなのか

五明　点数をあげていくためのコツってありますか？

澤本　急には、点数は上がらないですね。何か見つける度に言っていくしかない。それこそナレーションのタイミングも、0.1秒ずらすと面白い、というようなことがあるんです。面倒くさいから放っておくこともできるけれど、「3フレーズ、ナレーションを下げてもらえますか」とか。やってみて面白くなったら「こっちでお願いします」と。そういうことを細かくやって、結果的になるべく点数がいい方がいいなという感じですね。

五明　地道な作業なんですね。

澤本　でも、磨き過ぎも良くないんですよ。昔は、100%自分が思い描いたところまで磨いていたんですが、**今は80点ぐらいまでいったら、自分以外の人を信じるようにしています**。ある時、事情があって100%までつめずに、80点ぐらいで世の中に出すようにしたんですよ。そういうと、手を抜いてるみたいですけど。そうしたら、その方がかえって当たるんです。

五明　へぇえ。

澤本　それまで、僕が100点に近付けようとして一生懸命つめていたのは、どこからか、磨き過ぎになってたんでしょうね。余白がないというか。詰め過ぎるのも作品的にも悪いのかもなって気づいて、それからは、自分のなかで「ここまでやれば完璧」というところまでは詰めずに、「だいたい、こういう感じでいいかな」というラインに乗っかってるんだったら、ある程度でいいやって出すようにしましたね。ディレクターが「こっちがいい」っていう意見だったら「そうかもな」と思って信じて。もちろん、詰めたい時は詰めますけど。

五明　少し肩の力を抜いて？

澤本　そうですね。野球のピッチャーが全力で投げると球が走らないけど、少しだけ力を抜いて投げると球が速いっていうのと似ているのかもしれませんね。

まずは書くこと、動くことが第一歩

五明　この仕事をやめようと思ったことも一度もないですか？

澤本　他の作業をするよりは楽しいですからね。

五明　楽しんで、お仕事をされているんですね。

澤本　ですね。僕はＣＭを作りたいと思って入ったので、今こうしてつくれているから幸せです。

五明　僕もこういう仕事を今後やっていきたいんですが、今後どうしていったらいいですか？

澤本　まずはラジオＣＭを書いて、チャンスをもらうしかないですよね。書かないと書きかたを忘れちゃうんですよ。

五明　じゃあ、営業をかけて。

澤本　そうですね。ラジオ番組をやられているんだったら、何か新しい番組をやることになった時に「ＣＭをやりたい」と言ってみるとか。とにかくつくっていった方がいいんじゃないかと思います。この本のＣＭをつくってもいいでしょうし。

五明　とにかく、動いていろと。

澤本　ハイ。

五明　分かりました！　ありがとうございました！

【肝に銘じます】

自分で100%磨くのではなく
80%くらいで。あとは自分以外の
人を信じて任せてみる

澤本さんからの

課題

『全米は、泣かない』の

ラジオCM（60秒）の

原稿を書きなさい。

男「あっ！ ご、ごめんなさい！」

女「……いえ」

男ナレ「目がパッチリして、透き通るような肌の彼女は、僕の目を見てこう言った！」

【M】 今から恋が始まるような勢いのある曲　C.O

女「（無茶苦茶ぶっきら棒な感じ。喧嘩売ってる？くらいで）コレわたし買っていいっすか？」

男「…え？」

女「いや、一冊しか本置いてないんで」

男ナレ「……返す言葉がなかった。この本に出ている人はなんて返すんだろう」

ナレ「谷山雅計、澤本嘉光、篠原誠、福部明浩、尾形真理子、関根忠郎、又吉直樹。言葉のプロ7人と、言葉のプロになりたい芸人・五明拓弥が対談。『全米は、泣かない。』あさ出版」

CMタイトル『恋の予感』

あさ出版 『全米は、泣かない。』 ラジオCM 60秒

※小さな書店で同じ本を探す男子高生と女子高生の物語

【SE】 蝉の鳴き声

男ナレ「あの夏。地元の小さな本屋さんで、僕はとある本を探していた」

男「えー、全米は泣かない、全米は泣かない……」

女「(可愛い声) えー、全米は泣かない、全米は泣かない」

※男女の声がどんどん、バラバラで混ざり合っていく (距離が近くなっていく感じ)

男・女「…あった」

男ナレ「その時だった! 一冊の本を求めた男女の手が……重なり合ったんだ!」

【M】 今から恋が始まるような勢いのある曲 C.I

男女「あっ!!!」

男「あっ！ ご、ごめんなさい！」

女「……いえ」

男ナレ「目がパッチリして、透き通るような肌の彼女は、僕の目を見てこう言った！」

【M】 今から恋が始まるような勢いのある曲　C.O

これが効くようにするのが
目標とすると、
まんまでいいのか、
直前に

女「（無茶苦茶ぶっきら棒な感じ。喧嘩売ってる？くらいで）コレわたし買っていいっすか？」

「あの…」的な
ひっかけをつけとくのは悩みます
かね
現場で。

男「…え？」

女「いや、一冊しか本置いてないんで」

男ナレ「……返す言葉がなかった。この本に出ている人はなんて返すんだろう」

この一行はもっと別のいい方があると思う。説明しすぎてる。

ナレ「谷山雅計、澤本嘉光、篠原誠、福部明浩、尾形真理子、関根忠郎、又吉直樹。言葉のプロ７人と、言葉のプロになりたい芸人・五明拓弥が対談。『全米は、泣かない。』あさ出版」

売りたいなら つかみ的に
又吉さんが
TOPじゃ
ないすか？

CMタイトル『恋の予感』

あさ出版 『全米は、泣かない。』 ラジオCM 60

※小さな書店で同じ本を探す男子高生と女子高生の物語

【SE】 蝉の鳴き声

男ナレ「あの夏。地元の小さな本屋さんで、僕はとある本を探していた」

男「えー、全米は泣かない、全米は泣かない……」

女「（可愛い声）えー、全米は泣かない、全米は泣かない」

※男女の声がどんどん、バラバラで混ざり合っていく（距離が近くなっていく感じ）

男・女「…あった」

これいらないんじゃないかな。
なくてもわかるように
演出できると思う。

男ナレ「その時だった！ 一冊の本を求めた男女の手が……重なり合ったんだ！」

【M】 今から恋が始まるような勢いのある曲 C.I

これなしとすると
Mの入るタイミング
かわりますね〜

男女「あっ!!!」

講　評

五明さんの企画の弱点は、当てにいこうとすると面白くなくなることです。そこそこ器用なので、発注者に気に入られようという気持ちが先に出て合わせにくるのですが、そうすると極端につまらなくなります。

言うことはきちんと聞いているし、課題は解決しているけど、弾けない、と言いますか……。魅力が出るのは、大振りした時、というか、思い切り気持ちよさそうに企画した時です。

なので、あまり正解を出そうと意識して硬くなって頑張りすぎないで、いくつか少々乱暴でも気の向くままに書いてみて、その中から見直してみて可能性のありそうなものを育てていくのがいいんじゃないかと思います。

CMプランナー
篠原誠さんに聞く

アイディアを考え続ける技術

篠原誠《しのはらまこと》 三重県津市美杉町（旧美杉村）出身。一橋大学商学部を卒業後、電通に入社。コピーライター、CMプランナーを経て、クリエイティブディレクターに。2015年にKDDI/auの「三太郎」のキャンペーンが多くの人の記憶に残るものであったことが評価され、「クリエイター・オブ・ザ・イヤー」を受賞。2016年のTCC賞では同じくKDDI/auの『みんながみんな英雄』でTCCグランプリを受賞。同CMでは歌詞も手がけ、桐谷健太が歌う『海の声』、AIが歌う『みんながみんな英雄』はヒットソングに。同年の紅白歌合戦にも登場した。このほかの代表作に、UQモバイル、家庭教師のトライなど。2017年にはNHK BSドラマに原案を提供し、注目をあびた。

【篠原さん、勉強させていただきました】

初めてお会いした篠原さんはとても気さくな方で、学生時代に音楽やファッションをいち早くキャッチしていろいろと教えてくれた優しい先輩を思い出した。「同性にも異性にもモテそうだな……。」と思ったのが第一印象だ。

対談の中で、特に印象深かったのは、篠原さんの「広告に対する向き合い方」の話だ。話を聞いていると篠原さん自身も面白いことが好きな印象を受けた。しかし、「どんなに面白くてキレのあるCMをつくっていたとしても多くの人に知られないと意味がない。CMはたくさんの人に知ってもらうことが正義だから。広く告げると書いて広告なんだ」と。

お笑いと違い、CMは自己表現ではないことは僕も理解していたつもりだ。でも、心のどこかで「面白ければいいでしょ?」という気持ちがなかったのかと言えば嘘になる。そんな気持ちは篠原さんがぶっ壊してくれた。

また、「若い頃の尖り」の話も興味深かった。芸人が若手の頃は尖っていたというエピソードを喋っているのを聞いたことがないだろうか。若い頃は尖っていた方がいいのか丸い方がいいのか。わかりやすく解説してくださった。今から何かを始めようとしている人に是非読んでほしい。

そして、篠原さんが作っているauの「三太郎シリーズ」のCMの裏話も。

意外だったのは、CMプランナーに必要なのはガッツだということだ。この業界の人たちはみんな文系だと勝手に思っていたが、どうやら体育会系らしい。面白く、多くの人の記憶に残るCMを書くには近道はなく、書いて書いて書きまくるしかない。アイディアは勝手に思い浮かぶこともないので、ひたすら考えるしかない。この対談で簡単にCMを書ける裏ワザを聞けるかと思っていた自分が情けなくなった。


少し安心もした。

僕は芸人人生の17年間、ずっと泥水を飲んできた。

高校生のバイト代並みの給料の月も何度も乗り切ったし、ガス・電気・水道のライフライン全てが止まったこともあった。発売したライブDVDに関しては信じられない話だが「1万枚以上売らなきゃ事務所解雇」と所属事務所から言われた。それでも、全国を行脚して手売りし、みんなの協力もあって無事1万枚以上売りさばいた。こうして今まで、どうにか乗り切ってきた。だから、ガッツだけは自信がある。

より一層とCMをつくる仕事をしてみたくなった。

1 アイディアは、思い浮かばない。だから、考える

お笑いも、広告もアイディアは思い浮かぶものじゃない

篠原 五明さんが新人賞をとられた東京ガスのラジオCMの音源、聞きました。どれも普通に面白かったです。芸人さんのネタづくりに近いところがあるんですか？

五明 ほぼ一緒でした。コントにできなかったボツネタの中から「あ、これは使えるな」っていうネタがいくつかあって。

篠原 それで、CMのかたちに落とし込みをしてってことですか。ちゃんと落としこまれていて上手ですね。

五明 ありがとうございます。有名なCMをつくっている方にそう言っていただけるとは光栄です。篠原さんは、アイディアはよく思いつく方なんですか？

篠原 思いつくというか、考えます。ネタと一緒ですよ。浮かぶというより、ひたすら考える。

五明 そうですよね。番組のアンケートでよく「ネタはどうやったら思いつくんですか」と聞かれて答えに困るんです。ネタは思いついたり、舞い降りてくることはないですもんね。

篠原 そうそう。「こんな面白いCMはどうやったら思い浮かぶんですか」って言われても、

思い浮かびはしないですよ。ひたすら考えるんです。

制限をかけて脳みそを自由にさせる

五明　どうやって考えるんですか？

篠原　僕の場合はいろいろな方向から考えます。たとえば、商品CMだったら、まず商品そのものや、商品の周辺をとにかく掘り下げて考えます。それで、もうどんなに考えても出てこないという時は自分に制約をかけます。「このお茶のCMを好きに考えてください」というと難しいけど、「このお茶はマズい」という台詞を必ず入れないといけないとか、トイレでうんこしている男の話で考えるとか、何か制約を決めてしまうと、人の脳はその範囲内で考え始めるんですよね。そうやって狭めていくと意外と考えやすい。

五明　狭めていく？

篠原　タイトルから仮に決めてしまうこともあります。「エロいラクダ」みたいなタイトルを最初に決めて、それで考えるとどうなるか。そうやってすごく遠くから考え始めて、なんとか商品に落とし込んでみる。遠くっていうのは、その商品からは連想できないようなことです。遠くから考えるのに飽きてきたら、また逃げずに正面から商品をとことん掘り下げて考える。その繰り返しです。

五明　遠くから考えていて、正面から考えることに戻ったら、ふぁっと良い案が出てくる、みたいなことですか？

篠原　そんな感じです。そうやって**制約をかけて考えた後は脳みそが自由になっている**ので、もう1回、正面から商品について考えることに戻ると「こういうのはいいな。さすがに『エロいラクダ』はなかったけど、こういうのはあったかな」って思えるんです。

五明　さっきと同じ設定だけど、別の案が出てくるということですか？

篠原　そうです。最近では広告の手法も増えているので、たとえば、ラジオのお題でも「これがイベントだったらどうだろう」と考えてみる。『のどごし〈生〉』のCMなんかがそうです。このCMでは皆の夢を叶えるキャンペーンをやったんですけど、皆から夢を募集して夢を叶えたところをCMにするとか。そんな入り口もありますね。あとは以前、カクテルづくりで有名なバーテンダーを突撃取材して、その取材を中身にしたCMなんかもつくりました。

五明　CMの中身がバーテンダーとの対談で、最後にオチをガツンと持ってくる感じですか？

篠原　はい。原稿がなくてもCMはつくれるんですよ。やりようはいくらでもある。やっぱり、アイディアをどう考えるかというと、ひたすら考えるという感じですね。

考えたアイディアを一度忘れてもうひとつ考える

五明　以前、企画はいつもギリギリまで粘って考えられているという記事を読みました。

篠原　そうですね。結構、粘ります。たとえば、現時点で自分のなかでこれは面白いという企画があるとするじゃないですか。それを最低限、この企画としてはベストだというところまで磨きあげます。その作業が終わったら1回それを置いておいて、また別のものを考えるんです。もう何かの理由でこれはダメになりました、というつもりで1回忘れて全く別のものを考える。そこで面白いと思うのができたら、最初に考えたヤツと戦わせるんです。1番目と2番目どっちが面白いか。で、2番目が負けましたとなったら、またさらに考える。たまに「おっと！　互角じゃないか」と思える時は2番目を一生懸命磨いてみて、また比べるんです。そうすると「うーん、やっぱり負けました」みたいな。そんな感じでいくつもの案を戦わせて、練っていきますね。

五明　1回、ゼロにするんですね。

篠原　そう。やっぱり一度思いついたものは愛おしいので執着しちゃうんです。でも、それはダメだと決めてしまうことで、仕方なくもう1回、考えざるをえなくしているんです。

五明　それは貯金になるから、もう割り切るという考え方ですか。

篠原　そうですね、「最低でもこの案があるな」という感じ。そういう案ができている時はいいですよ。むしろ最低でもこれはあると思ってつくっておいた案が面白くないと言われた時は辛いですね。1回できた案を自分で脇に置く時よりも、それが保険としても使えないという時の方がしんどいので。

五明　かわいいですもんね、最初の案だって。

篠原　辛いですよね、捨てるのは。

五明　自分で生んだのに、より優秀なやつを生まないといけないという。

篠原　そうは言っても、人間だから、毎回はできないですけどね。「ああ、今日はもう終わり！」と思って磨くのをやめる時もある。それで後になって「なんであそこで手を止めたんだろう」と後悔することもあります。妥協なんてすぐ耳元でささやくから。

五明　そうですよね（笑）。

篠原　「もう、いいんじゃね？　充分おもろいよ」とか。「これでも充分クライアントは喜ぶんじゃない？」とか。耳元で悪魔がささやく。まあ、でもがんばる時はがんばります。

【肝に銘じます】

・面白いアイディアは思いつく事はない、ひたすら考える

・最初に考えたアイディアで満足しない。別のアイディアを考え、〆切まで競わせる

2

「尖った企画がいいのか」問題

「商品が売れること」と「賞をとること」だったら「商品が売れる」方がいい

五明　広告っていちばんの成功はモノが売れることなんですか？

篠原　人によって違いますね。

五明　まず、モノが売れることは大成功じゃないですか。もうひとつはＴＣＣのような、広告賞がありますよね？

篠原　賞はあったらいいというぐらい。

五明　じゃあ、賞をとりにいくことと商品が売れることは全く別のものとして考えているんですか？

篠原　僕は褒められたい派なので賞がとれたらいいなと思うんですけど。でも、賞をとれても商いが上手くいかないんだとしたら、商いが上手くいく方がいいです。

五明　広告の根本の話ですもんね。より多くの人に知ってもらって、買ってもらうという。

篠原　やっぱり、モノが売れるのがワクワクするというか。モノが売れないと面白くないよね。

モノが売れればクライアントさんとか、関係者みんながニコニコになる。そうすると、好循環が起きるんですよね。モノが売れてイヤな思いをする人は一人もいません。モノが売れること、それから、その企業の価値や好感度があがることも含めて、自分のアイディアで世の中に変化が起きたというのが良いですよね。コントや漫才も一緒だと思うんですよ。**何がいいかは見た人が決める。**

五明　お笑いの賞レースでお客さんにはむちゃくちゃウケたけど、優勝できず、2位だった。でも2位のネタの方がインパクトあって、1位のコンビより全然売れているじゃん、みたいな感じですか？

篠原　それに近いですね。その方が多くのお客さんを幸せにしているわけじゃないですか。だから、良いですよね。もちろん広告なので、面白さ以外にも美しいとか、カッコいいとかもあります。お客さんが共感して買いたいと思うか、ですからね。たとえば、ある車のCMがめちゃくちゃ面白かったとするじゃないですか。「ハハハ、ウケる!!」ぐらいに。そこで「じゃあ、この車を買う？」と聞いて、「え？　買わないよ」では仕方ないんです。それよりも映像として面白くはないけど、すごくカッコいい。CMがカッコよくて、車もカッコよかったら、「あ、これ買いたい」となるかもしれないですよね。

五明　なるほど！

ルールの中でどれだけ面白いものが作れるか

篠原　例えば、五明さんが書いた東京ガスのラジオCMもそうです。このCMの下ネタ、お下劣で最高におもろいと思っても、じゃあ、そのガス屋さんに頼むかというと「信用できるかな」となってしまう。安心感があるなかでの面白さってあるんですよね。温かい気分にさせるというか。

五明　ルールの中で、どれだけキワキワまで面白くいけるかということなんですね。僕がつくった東京ガスのCMに出てくる会話も、最初は今と違ってもっと汚い言葉の罵り合いだったんですよ。打ち合わせの時に、夫婦が「てめえ、何言ってんだ！　しつこいんだよ、この野郎」みたいな台本を読んだら、周りの人は笑ってくれたんですけど、社員の方が全く笑っていなくて（笑）。「うーん」みたいな。「もっと丸くしてください」と言われたんです。ただ自分の中では丸くしたら面白くなくなるんじゃないかと思って悩みました。でも、面白くても買いたいと思わないのでは、広告になっていない。そういうことなんですかね？

篠原　そうですね。広告は「広く告げる」ことなので、たくさんの人に伝わることが大事なんです。世の中の10万人が好きというのと、すごくコアな5千人が好きというのだったら、断然10万人の方が勝ちなんですよ。実際には5千人の方がキレッキレで面白いと思ってくれたとしても負けだと思うんです。コントでもないですか？「何だよ、あのネタ。近所のおばちゃんとかには受けてるけど、全然面白くねえ。こっちのシュールなやつの方がよほどキレッキレで最高じゃんか」みたいな。

五明　すごくあります。

世の中の多くの人たちは、普通に幸せ

篠原　広告は、いかにたくさんの人が好きだと言ってくれるかが大事だと思うんです。だから、auの三太郎のキャンペーンも、シュールなものが好きな先端の層は狙ってないんですよ。僕は地方出身なんですけど、実家に帰って自分の兄貴とか甥っ子や姪っ子が、「マコちゃん（篠原氏のこと）、あれは面白いわ、好きやわ」と言ってくれるぐらいのところを狙っています。本当に最先端の人からは「寒いわ〜」と言われるんでしょうけど、ボ

リュームゾーンを狙っているので何とも思わない。**世の中の多くの人は普通に、幸せなんですよ。結婚式で流行語大賞になったようなネタを大真面目にやっちゃうんです。**

五明　篠原さん自身は結婚式で、そういう一発ギャグをやったりするんですか。

篠原　やらないです。もう見ていて本当に寒いと思う方なんだけど、でも、CMでメインに狙うべきは誰かと言ったら、その人たちじゃん、と。

五明　多くの人が面白いというような、芸人でいうと中川家さんみたいなイメージですかね。年齢が上の方も下の方もみんな面白いと言う気がするんですよ。

篠原　TV番組でいうと、土日の夜8時にやっているバラエティですよね。『世界の果てまでイッテQ！』みたいな。22時とか遅い時間のバラエティではないんですよ。僕は、水曜夜10時の『水曜日のダウンタウン』みたいな番組の方が好きなんだけど。

五明　めちゃくちゃ面白いですよね。でも、広告、つまり「広く告げる」ためにはそこじゃない。

篠原　家族がリビングで見るような番組が勝ちですね。広告って見たいわけでもないのに、出会い頭に見せられるじゃないですか。そういう意味で「刺して逃げるコミュニケーション」なんです。刺して逃げるからこそ、最低限、人を傷つけたり、嫌な気持ちにさせたりするのは避けたい。もしかしたら、さっきの五明さんの東京ガスのCMの掛け合いも

「ぶっ殺すぞ」ぐらい激しいことを言った方が面白いかもしれない。でも、そこだけいきなり聞くと嫌な気持ちになってしまうというのはちょっと。CMを全部見ると最後にはちゃんとした意思があると分かると思いますけど、**一瞬でもキュッと胃が縮まるような思いをするのは良くない**ですよね。ホラーやヤクザ映画なら見る人にも心構えがありますけど、広告は家族が普通に何も考えずに過ごしているところに、いきなり流れるものですから。そこで、嫌な空気が生まれることは避けないといけないと思います。表現の制約があっても、尖り方を変えるとか、それはそれで面白くできるじゃないですか。もっと考えないといけないですよね。

若い頃は尖っていた方がいい？

五明　篠原さんは若手の頃、尖っていた時期ってあったんですか？

篠原　めちゃくちゃ、ありましたね。

五明　丸くならないといけないと思ったきっかけはあったんですか？　というのも、僕らの芸風って、まさにニッチな5千人にウケるネタの方で、大勢にウケるというのとは明らかに違うので気になって。

篠原　それこそ、僕も昔は尖っていて、イワシがしゃべっているだけのＣＭとか、１００円マラソンとか、そんなものもつくっていたんです。

五明　１００円マラソンって何ですか？

篠原　１００円を持って走るマラソンっていう。

五明　それ、まさに、さっき言ってた水曜日の番組じゃないですか。

篠原　20パターン以上つくって、毎日、違う中身をオンエアするなんていうのもやってましたね。もうちょっとでＡＶみたいなものを撮ろうとしたことがあって、それはさすがに「ダメですよ」と止められましたけど。世の中にないものをつくりたい、どうやったら皆が驚くだろうとずっと考えてたんです。当時つくったものは、それはそれでまあまあ反響もあって「面白いね」とも言われたんですけど、賞に応募しても何もとれなかった。今思えば、広告として攻め過ぎていたんでしょう。でも、その時は「別にいいもん」と思っていましたね。

五明　（笑）

篠原　「だって、面白いじゃん、こっちの方が。面白ければ別に良くない？」と思ってたんです。メジャーなＣＭに対しては「そっちなんか、タレント使ってるだけじゃん」と思っていましたね。それがある時ふと、メジャーなものをつくりたいと思ったんですよ。

五明　何かきっかけがあったんですか？

篠原　いや、特になくて、メジャーなものをつくったらどんな感じなのかなと思うようになったんです。ただやっぱりタレントから企画を考えるのは嫌いで、まず企画が先にあってそれに合う人を決めるというやり方は変えなかったですね。そんな時に、たまたまauのお仕事をいただいたんです。キャストをメジャーでお芝居のうまい方々にお願いしたらオンエアで急に目立ってバカーンとなって。「あ、こんな風になるんだな、これが広告なんだな」と気付いちゃったんですよね。正直いうと今はその発見をしたばかり、という感じです。

五明　尖っていた時期はあって良かったと思います？

篠原　思いますね。後輩を見ていても、尖っているものを丸くするとか、商品に落とし込みができていないモノを落とすとか、そういうことはできるんです。でも、初めから面白くないものはどれだけやっても面白くはならない。そういう意味では尖っている方がいい。若手の人で言えば、**こいつメチャクチャだな、面白いというか怖いぐらいだなという人は最終的にメジャーになるかもしれない。**けど、初めから面白くない人はがんばっても面白くならない。

五明　素材がよくないから。

篠原　そう。そういう意味では**若いうちは尖っていた方がいいんじゃないかと思う**。後はいろいろやっている中で分かってくることもあって。自分では尖っているつもりだったけど、単純に面白くなかったんだとか。「一部には受けたし、自分では面白いと思ってたけど、もしかしてコレ、いわゆる『面白くない』ってヤツ!?」と気づく瞬間があるんですよね。本当はもっと尖っていて、もっと面白いものはあるんだけど、でも、「マス」とか「メジャー」とかっていうのは結局こういうことなんだなと悟るんですよね。今でも自分が好きだ、面白いと思うものと、いわゆる「マス」でウケるものとにはギャップがありますよ。でも、自分の中で差があるのは、別にいいんじゃないかと思うんです。

【肝に銘じます】

・「広く告げる」と書いて広告。いかにたくさんの人が好いてくれるかが重要
・受け手はCMを選べないので、一瞬でも嫌な思いをさせてはならない

プレゼンで社長に「君に任せた」と言ってもらうには

最初から「一寸法師」を伏線として考えていた

五明　ａｕの「三太郎シリーズ」のＣＭについて聞きたいんですけど。ずっと小さい一寸法師が隠れていて途中でいきなり登場したじゃないですか。デカくなることも最初から台本にあったんですか。

篠原　ありました。

五明　今、ゴールまでの台本はあるんですか？

篠原　それはないです。

五明　ないんですね。

篠原　僕、伏線が好きなんですよ。いつかＣＭでやれないかなと思っていたんです。でも、ＣＭはいつ打ち切られるか分からないし、長期間の伏線はなかなか仕組めないんですよね。だから、ａｕの社内競合プレゼンで勝ってキャンペーンが始まった時に「これはできる！」と思ったんです。それで社長に「隠れキャラってまだ誰もやったことがないと思うので、一寸法師を隠れキャラで登場させてみてもいいですか」と言ったら、「ああ、いいですよ」と言われて。その瞬間からもう、誰にも言わずに作業を進めて、編集の最後の最後にこっそりＣＧで小さく入れたんです。

五明　へぇ。

ＹｏｕＴｕｂｅで話題になる計算だった

篠原　昔だったら流れたＣＭは見返せないけど、今はＹｏｕＴｕｂｅがあるじゃないですか。１年後に「実は俺、ずっといたよ」っていう台詞と共に一寸法師が出てきたら、世の中がどれぐらいびっくりするだろうと思って。皆が「え！」と言ってＹｏｕＴｕｂｅを見て「全部入ってる！」と驚く様子を想像したら、もう楽しくて仕方がなくて。

五明　それは楽しみ過ぎますね。

篠原　絶対に１年間バレないように、一寸法師を入れるのは最後の最後、本当に限られた人だけでやっていました。「絶対に誰にも言うなよ」って箝口令《かんこうれい》をしいて。そのぐらい厳重に注意していたのにバレたんですよ、３ヶ月くらいで。

五明　（笑）。ネットニュースになってましたよね。

篠原　誰か見つけた人がいて。

五明　見つける人もスゴいですけどね。

篠原　子どもだったみたいですね。「ここに何かいるよ」って。で、バレちゃって一気に。それは仕方がないですけどね。それでも皆「すごい！」というので話題になって。3ヶ月隠していただけでこんなに話題になるんだと。ただ、登場させるのは1年後と決めていたので、実際に一寸法師役の前野朋哉さんがCMに登場したのは1年後ですけどね。

五明　小さく映り込んでいた一寸法師にグーッとアップする映像がありますよね。あれはどうしたんですか？

篠原　その部分は撮り直しました。隠れキャラの段階ではまだ一寸法師のキャスティングをしていなかったので。それまでのはCGなんですよ。

五明　前野さんではないんですね。

篠原　そう。CGです、小さいから。1年後にキャストを決めればいいやと思って、とりあえず衣装だけデザインしてもらって、その衣装でCGをつくって小さく入れました。だから、だいたい横からとか後ろ姿とかで真正面はなくて、誰か分からないように合成してあるんです。

五明　3ヶ月でバレたのは悔しいですねえ。

TVCM ／au「一寸法師、登場」篇

篠原　いやもうね。「誰だよ！」と（笑）。

五明　でも、それでバーンと拡散するのは篠原さん的には不本意ですけど、いいことですもんね、話題になって。

篠原　そうですね。結果、話題になって良かったですね。通信業界は、本当に変化のスピードが速くて、色々なステージの課題があります。その課題に対してクリエイティブ〈※1〉で何か解決できるものはきっとあって。本気でアイディアというかソリューションを必要としていると思うんです。

五明　ガチなんですね。

篠原　そう。auは本気で知恵が欲しいと思ったんですよ。単に面白いCMがつくりたいわけではない。だから、そういう企業に対して、CMのアイディアというより、川上の戦略の話ですよね、「こういう戦略だからこうやったらどうか、どうせやるなら面白くなければならないから、ここまでやります」とこちらも宣言して。そうすると、「任せるわ」ということになってくるんです。

社長プレゼンは、人間プレゼン

五明　最後は社長が納得しないといけないと思うのですが、社長を説得するための方法はあったりしますか？

篠原　そうですね。これはどの会社の社長とお会いしてもそうなんですが、社長って他の社員と違うんですよ。社員はどうしてもちょっとどこかによこしまな気持ちがあるんです。少し極端に言うと、たとえば、依頼主がスープ屋さんだとします。この時、純粋にスープをたくさん売りたいと思っているのは社長だけなんです。副社長は社長になりたいとか、社員はこれで昇進したいとか、単純にスープを売りたいというのとはちょっと違う要素、よこしまなものが入ってくる。そういう意味で、社長はちょっと孤独なのかなと思います。だから、純粋にスープを売りたいと思っている社長が何を課題に思っているかを汲んで、どう解決するべきかを提案できると、耳を傾けてくれますね。社長は決し

〈1〉ＣＭなどの広告の制作物のこと。

て面白いＣＭをつくりたいなんて思ってないんですよ。今、どんな広告を打つべきか。聞きたいのは本質的な話だけだから。社長にちゃんと意見を言ってくれる人ってなかなか、いないんですよね。

五明　へえ。

篠原　しょうがない、社員にとってやっぱ社長は怖い存在だから。**だから、社長は孤独になる。**するとちゃんと本心を話してくれる人が少ないから、だからコンサルティングとかに数億も払っちゃうんですよ。何か言ってくれる人に金を払う。

五明　本当に孤独なんですね。

篠原　とか言って、僕、社長になったことないから、これ読んだ社長さんに「全然そんなことないよ！」って言われちゃうかもですが。でも社長はやはり特別。だからこそ、社長を説得する方法はシンプルですね。この商品やサービスがどうやったら上手くいくかという攻略法を真剣に考えて「これは絶対に正しいです。プロとして自信を持ってお勧めできます」という内容を話すんです。要は、「人プレ」なんです。

五明　ひとプレ？

篠原　**企画案をプレゼンするんですけど、実は人間性をプレゼンするんです。**

五明　人としての自分をプレゼンする。

篠原　社長が私という人間を信じて投資するか、しないかという話なんですよ。

五明　なるほど。

篠原　「あんたが言うんだったら信じるわ。この賭けにのります」と言ってもらえるかどうか。1発目に社長にプレゼンする時は、自分がいかに本気でクライアント（社長の会社）の商品やサービスのことを考えていて、正しい答えを出せる人間であるのかを示さないといけない。それ以降は1回打った広告の結果ですよね。「やってみて結果はどうだったの？」と。結果が出ていれば「こいつの言うことは信じていいな」と。そうなると、もう企画は通りやすい。社長プレゼンでもめることはなくて、むしろ向こうから聞いてくれる。「君から見て今うちはどんな感じ？」と。「これこれこうで、次の手はこれがベストです」といって企画を出すんです。すると「篠原さん、ごめん。これもこれも面白いけど、今回はいつもと違う感じで『スゴい』という印象を残したいんだ」などと要望をストレートに話してくれるようになる。「分かりました。やります」というと、社長は「後は一任するから、もう見せなくて良いから」という関係になるとよりよいです。

五明　社長に信じてもらえるか、信じてもらえないかになってくるっていうことですね。

篠原　そうです。社長がのるかそるか。それで結果が出なかったら信じた自分がバカだったし、その後はその人とやらなければいいだけだから非常にシンプルなんですよ。

五明　かなりシンプルですね。

篠原　結果を出さなきゃいけないから、こっちも真剣ですよ。面白いことができればいいやという気持ちでは当たりませんからね。

五明　誤魔化せないですもんね。

篠原　そうなんですよ。「こいつ、すっげえ考えている」とならないと。「自分の会社のことをこんなにも考えてくれているし、言ってることも正しい」となれば信頼が増しますよね。社長に関しては、本当に人プレゼンです。本気で本質を考えられているのか。

五明　これはもう考えて考えて考え抜いて、素っ裸でいかないとダメですね。

篠原　バレますからね、ちゃんと考えたかどうか。ちょっと話せば、すぐに。多分、ネタでもそうですよね？　話すとちゃんと考えていないのが分かる。

五明　そうですね。行いにも出てきますよね。「コイツ、かっこいいこと言っているけどいつも酒飲んで何もしてないじゃん」とか。

篠原　なんだかんだCMをつくってオンエアするにはすごい金額がかかるので。自分が商売をしていたとして、投資をするとなったらやっぱり、そういう人にはしないですよね。

五明　確かに嫌なヤツとか、こいつちょっと大丈夫かなと思う人にはベットしないですね。怖くて（笑）。

【肝に銘じます】

社長プレゼンは企画案だけでなく、自分という人間をプレゼンする

4

面白い企画を実現し続けるために必要なこと

面白い人に共通していること

五明　篠原さんは、今はクリエイティブディレクターですか？

篠原　クリエイティブディレクターで、案件によっては企画までやったり、コピーライターになったりすることもあります。

五明　そうすると、立場上、いろんなコピーライターと接する機会があるわけですよね？　中には、面白い人もそうでない人もいると思うんですが、面白い人に共通することは何ですか。

篠原　えー。何かあるかな？　面白い人に共通すること……。必要最低限のことを言うと、がんばるヤツですね。ガッツがある。

五明　がんばるっていうのは、たとえば、めちゃくちゃたくさんコピーやアイディアを書いて持ってくるとか？

篠原　たくさん書くし……、うーん、がんばるヤツ。

五明　単純に可愛いですもんね、がんばる後輩は。

篠原　そうですね。がんばらないヤツもいるじゃないですか。でも、この仕事はがんばらないと無理ですね。有名になった人が、野球でいう素振りのような練習や努力をしていないかと言ったらそんなことはなくて、してますよね。これはどんな業界でも同じだと思う。だから、**負けず嫌いでがんばるヤツだなというのは最低条件ですね。**それ以降は悲しいかな、才能の差はあるね。ただ面白いのが、人間なので才能が開花する時期が違ったり急に化けたりするんですよ。今日この時点では面白さで順位をつけると「3人中3位です」みたいな人が、1年後も3位かというとそんなことはなくて、急に化けるヤツがいるんですよね。今は面白くないと思っても、たまたま誰か、クリエイティブディレクターとか、お師匠さんとかの影響で、急に化けることがあるんですよ。もちろん、化ける人も、がんばっているんですよ。「何でこんなにできないんだろう」ってもがいている。分かるじゃないですか、こういうものって。打ち合わせで、いっせーのせでアイディアを出したら。その時点で面白くないっていうのは自分で分かるんです。皆で回して全員のアイディアを見ると、これは面白い、これは面白くないって。その時点での実力は本人にもハッキリ分かる。そこで、もがいてがんばってスッと抜ける人もいれば、途中でよいしょっと抜ける人も、無理かもと思って降りる人もいる。

五明　体育会系ですね、本当に。

篠原　そう思う。だけど、脳みそは基本、身体なので、筋肉と一緒なんですよ。鍛えれば鍛えるほどパワーアップする。脳みその唯一の特徴っていうのがあって、脳みそって疲れないんですって。

五明　ええ！　そうなんですか？　疲れないんですか？

篠原　そうです。何かの本で読んだんですけど、疲れないらしいんですよ。〈※2〉

五明　脳が疲れたから休憩をとる、なんて言いますけど？

篠原　疲れないらしいですよ。それはすごいなと思っていて。使えば使うほど良くなるっていうのは身体と一緒ですよね。そう思うと体育会系だなと思いますね。

五明　書くしかないんですね、もう。

篠原　後は**あきらめずに企画をすること**。自分がしんどくてあきらめそうになった時によく考えるのは、100人ぐらいのトップクリエーターが同時に同じ案件の企画を考えたら、1人か2人ぐらいは賞をとるぐらいおもろい企画を考えるヤツはいるだろうなって。

五明　同じネタで？

篠原　そう、同じ土台で勝負したとしたら。そう考えると段々悔しくなってきて、「だったら

〈2〉諸説あります。

俺がとってやる！」と気合いが入る。それでも実際にCMやコピーが世に出たら思ったほど面白くなくて自分にがっかりすることもあるんだけど、それはしかたないですよね、それが今の実力だから。そういう経験をたくさんしてがんばっていくしかない。

面白いCMを生み出すチーム

五明　年齢や立場が違う人を説得するのは難しいですよね。

篠原　そこはクリエイティブディレクターがチームにいる場合は、彼らが担ってくれるので。もっと言うと、クリエイティブディレクターが優秀だと、きちんと地ならししてくれるんですよ。クライアントからも「この人に任せておけばいいんだ」と信頼されていて、上手く調整してくれる。プランナーは企画に専念できるんです。

五明　どの世界にも企画はめちゃくちゃ面白いけど、説得がめちゃくちゃ下手な人とかいますよね。

篠原　そういう場合は、説得の上手いクリエイティブディレクターがいると、上手く企画が形になる。

五明　へえ。チーム戦なんですね。

篠原　そうですね。CMプランナーの仕事は、企画・説得・実行・仕上げ、この4つです。企画は企画をつくりあげること。説得は、クライアントさんから「この面白いところは要らないので、商品の機能を言ってください」などの要望を受けつつ、面白くない企画になってしまわないよう戦うこと。この説得はさっきも言ったようにディレクターが担ってくれることもあります。実行というのはタレントさんへの出演交渉とか、こういう希望を予算内でできるかとか。仕上げは、これもディレクターが担うことがあって、変な人が仕上げると、企画が台無しになったりもする。だからディレクターはすごく大事だったりしますね。昔は、CMを見ていて、なんでこんなに面白くないものが世の中に存在するんだろうと思うこともあったんですよ。でも、制作の現場を知って、合議制でつくるとこうなるんだなというのが分かって。「ここはちょっと丸くしてください」というのが積み重なって、どんどんつまらなくなることもある。誰もそうはしたくなかったのに、面白くないものができる。

五明　妥協のかたまりのような。

篠原　だから、クリエイティブディレクターとか、誰か責任を持つ人ががんばらなきゃいけないなというのは思いますけどね。

【肝に銘じます】

面白い人間に共通していることは『ガッツ』があること

篠原さんからの

課題

なめらかボールペン、アクロボール

ラジオCM 60秒の

企画を書いてください。

夫「……（少し泣きながら）わかったよ……」

【SE】 ボールペンの芯を出す音「カチッ！」

アクロボールの声（腹立つ感じの男の声）「すらすら～、すらすら～、すらすらすら～。（強弱をつけたり）すらすら……すらすら……すらすらすらぁ～すらぁぁぁぁぁ！す～～～～らぁす」

夫「（泣く）うわぁぁぁん!! やっぱ別れたくねぇよ！」

嫁「男なら潔く書きなさいよ!!!」

アクロボールの声「本籍、すらすらすらぁぁぁぁああ～!!」

女性ナレ「すらすら書ける、なめらかボールペン。アクロボール」

アクロボールの声「PILOT ～」

CMタイトル『離 婚 届』　PILOT　アクロボール　ラジオCM　60秒

※嫁に離婚届を出された夫。アクロボールで離婚届に書き込む。

【SE】 テーブルに離婚届を叩きつける音「ダンッ!!」

嫁「これ……わたしもう書いたから、空いてるところ書いて」

夫「な、なんだよこれ」

嫁「見ればわかるでしょ、離婚届」

夫「……なぁ、真奈美。考え直してくれよ。俺おまえと別れたくないよ」

嫁「じゃぁなんで！ なんで、あんなことしたのよ!!」

夫「ごめん……もう二度としないから、だからさ」

嫁「早く書いて!! わたしこれ以上、たかしのこと嫌いになりたくないの!!」

夫「……（少し泣きながら）わかったよ……」

【SE】　ボールペンの芯を出す音「カチッ！」

夫「・・・・・」
嫁「はやく書いてよ!!」
夫「書くよっ!」

☆こういうダメ押しがあったほうが わかりやすいかも。アクロボールの声の人と 夫が別人であることとか。

アクロボールの声（腹立つ感じの男の声）「すらすら〜、すらすら〜、すらすらすら〜。

（強弱をつけたり）すらすら……すらすら……すらすらすらぁ〜すらぁぁぁぁぁ！

す〰〰〰らぁす」

夫「（泣く）うわぁぁぁん!! やっぱ別れたくねぇよ！」

嫁「~~男なら潔~~く書きなさいよ!!!」

いいから

×「男なら」が少し差別的用語ですね。

アクロボールの声「本籍、すらすらすらぁぁぁぁああ〜!!」

女性ナレ「すらすら書ける、なめらかボールペン。アクロボール」

☆この部分、ここまで素直にうけなくてもわかるので もうひとねばりしてもいいかも。

アクロボールの声「PILOT〜」

ex）すらすら書けてごめんなさい アクロボール、とか。

CM タイトル『離 婚 届』　PILOT　アクロボール　ラジオ CM　60 秒

※ 嫁に離婚届を出された夫。アクロボールで離婚届に書き込む。

【SE】 テーブルに離婚届を叩きつける音「ダンッ!!」

あえて状況をわかりづらくすることで聴く人の意識を「何を書いたか」に向かわせているところ、いいですね。

嫁「これ……わたしもう書いたから、空いてるところ書いて」

映像のないラジオCMならでは。

夫「な、なんだよこれ」

嫁「見ればわかるでしょ、離婚届」

夫「……なぁ、真奈美。考え直してくれよ。俺おまえと別れたくないよ」

嫁「じゃぁなんで！ なんで、あんなことしたのよ!!」

夫「ごめん……もう二度としないから、だからさ」

嫁「早く書いて!! わたしこれ以上、たかしのこと嫌いになりたくないの!!」

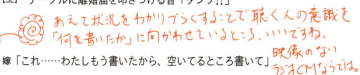

講　評

正直、コピーライターの人が書いたのかな、と思うほどに、全体についてというか、企画としてよくできていて、びっくりしました。もっと破綻した感じで来るのかなと思ったので。このお題は、「なめらかボールペン」という特徴がはっきりしている分、一見作りやすいのですが、いざ企画してみると、どうしても普通になりがちになったり、なめらかな様子を、スケートに比喩したりしてしまうのですが、一つの人間ドラマの中で描いたのは、いいと思いました。ただ、こういう擬人化のものはけっこうレベルの高い（おもしろい）やつが過去にもあるので（鼻毛が「コンニチワ」と話しかけてくるやつとか）、もう少し夫婦とアクロボールの声との、いったり来たりがあってもいいかもしれません。そこで、もうひと笑いがあるとさらにいいと思いました。でも、五明さんの場合は、非常にアウトプットが見えている。つまり演出プランが見えている原稿なので、その点も非常にいいです。ラジオCMの場合は、自らが演出する場合が多いので、原稿の時点で演出コンテになっているべきで、その点においても、本当に本業っぽいです。

CMプランナー

谷山雅計さんに聞く

なぜ最高のプロポーズは「結婚してください」なのか？

谷山雅計《たにやままさかず》　コピーライター、クリエイティブディレクター。1961年大阪府生まれ。東京大学を卒業後、博報堂に入社。1997年に独立し、有限会社谷山広告を設立。代表作に、東京ガス「ガス・パッ・チョ!」、新潮文庫「Yonda?」、資生堂／TSUBAKI「日本の女性は、美しい。」、日本テレビ「日テレ営業中」、東洋水産「マルちゃん正麺」など。TCC賞、朝日広告賞、毎日広告賞、新聞協会広告賞、アドフェストグランプリ、など受賞多数。著書に『広告コピーってこう書くんだ！読本』、『広告コピーってこう書くんだ！相談室（袋とじつき）』（いずれも宣伝会議）がある。宣伝会議のコピーライター養成講座では、基礎コース・専門コースの講師を務める。

【谷山さん、勉強させていただきました】

正直、僕が谷山さんにコピーの話を聞く必要はない。なぜなら、谷山さんは『広告コピーってこう書くんだ！読本』、『広告コピーってこう書くんだ！相談室（袋とじつき）』という素晴らしい本を出されていて、この2冊にコピーを書くためのトレーニング方法が全て載っている。宣伝会議さんから税別1800円で発売中だ。

なので、今回の対談では谷山さんの著書にあまり書かれていなかった「若手時代になにをやっていたか」などの体験談を中心に聞こうと思った。

いざ、対談が始まると谷山さんのパワーが凄い。声量もそうだし、喋りのスピードが速くて相槌を入れるのも一苦労。何より、眼力が凄かった。黒目がキラキラしていて目を見て話していると吸い込まれそうで怖かった。

対談の序盤で「きっとこの人は、コピーライターが天職の人間なのだろう」と思った。「博報堂に入社して1年目の頃から結構コピーを書けちゃって23歳の頃と今でそんなに変わりはない」と仰っていたから。その後、なぜ入社してすぐにコピーが書けたのかを明かしてくれた。その秘密は、幼少期にあった。

他にも、コピーライティングと大喜利の似ている脳みその使い方や、成功する仕事の選び方、これからの時代はどのようなコピーライターが求められるかなど、谷山さんの著書にも書かれてなかったお話をたくさん聞くことができた。

途中、「やりますか?」とビールを持って来てくださり、同席者全員で酒を飲みながらの楽しい対談になった。

谷山さんにも最後、課題をお願いした。

すると、目の前に置いてあった紙にペンでスラスラと書いて渡してきた。そこには、

【お墓参りをする人、回数を増やすためのキャッチフレーズ】


と書かれている。谷山さんは笑顔でこう言った。

「では、30本お願いします」

僕は勝手に数本だと思ったし、キャッチコピーなんて書いたことがないので「30本なんて絶対無理、10本くらいでどうですか?　と交渉してくれ!」という念を込めて同席していた出版社の人の目を見ると、彼は顔を谷山さんの方へひょいと向けて頭を軽く下げながら「かしこまりました!」と言い放った。ダメだこりゃ。

「ウルトラマンになりたい」
ではなく、
「ウルトラマンをつくりたい」
が
コピーライター的発想

「ウルトラマンになりたい」のではなく、「ウルトラマンをつくりたい」

五明　谷山さんは既に、すごく分かりやすいコピーライティングの本を出されているので、今日は、谷山さんが若い頃に何をされていたのか、どうすれば谷山さんのようになれるのかをお聞きしたいです。早速ですが、新人の頃はどういったことをされていたんですか？

谷山　いきなり、こんなことを言うと読者の方に嫌われちゃいそうですけど、僕はコピーに関しては早熟でした。博報堂に入って1年目からすぐに結構、書けちゃったんです。コピーの上手い下手でいうと、実は、博報堂に入ったばかりの23、24歳の頃と今とでそんなに差はないと思います。

五明　ええ!?

谷山　コピー以外の、広告的なモノの考え方、商品を売るための戦略や商品開発の知恵みたいなものは当然、若い頃には持ってませんでしたけど、純粋にコピーの考え方や言葉の使い方のことでいえば、2年目ぐらいからあんまり変わってないんですよ。

五明　すると、入社前から何か……？

谷山　入社前に気づきはありました。僕が最初に書いた本にも『「なんかいいよね」禁止。』って書きましたけど、自分の頭を鍛えるためには、映画でも小説でも舞台でも、面白い、素晴らしいと思ったら**「なんかいい」「すてき」で終わらせずに、「なぜ、いいのか」を考えること**ってとても大事なんです。僕の場合、仕事を始めてから、「なぜ、いいのか」を考えるようになったわけではなくて、もともと小さい頃からそういうことを考えるクセがずっとあったんです。

五明　小さい頃ってもしや、物心ついた時からですか？

谷山　そう。

五明　じゃあ、きっと生まれた時からコピーライターといってもいいですね。おぎゃあと泣いた時から。

谷山　いやいや。生まれた時からではないけれど、でも、僕にとっては当たり前のことで。そういえば僕の年代だと、5、6歳の頃はウルトラQとか、ウルトラセブンとか。普通の子どもはそれを見て「ウルトラマンになりたい」と言っていた中、僕はそれを見て「ウルトラマンをつくる人になりたい」と思ったんです。

五明　ええ！　そのぐらいの歳の子どもってウルトラマンがいるって信じていますよね？

谷山　僕は割と早くから信じてなかった。「毎週こんな素晴らしい番組をつくって、我々子どもを楽しませてくれるなんてなんて素晴らしい仕事なのだろう」と思っていました。自分も大きくなったら、こういうことをしたいな、と。6歳ぐらいから、「なるほど。これはカラータイマーがあって、3分のリミットをつけているから、ドキドキする面白さが生まれているんだ」というようなことを、自然に考えていたんです。

五明　どこか冷めていたところがあったんですか？

谷山　冷めているつもりはなかったけれども、自分がいいなと思った時に、好きなものに対して、「なぜ、こんなにいいと思うんだろう？」という視点で興味がわくというか。そういう意味で、コピーライターになるずっと前から、**「つくり手の視線でモノを見る」ということの基礎**は何かしらできていた気はします。

コピーが溢れるように書けるようになった、ある気づき

五明　子ども時代から作り手の視点でモノを見ていたから、入社1年目からコピーが書けたと……？

谷山　コピーの書き方については、大学4年生の時に電車の中でハッと気づいたことがあったんです。電車の中に、仲畑貴志さんのディレクションした『週刊住宅情報』のシリーズ〈※1〉の中吊り広告があって、それを見た時に「あ！　そうか。コピーっていうのはモノを説明するんじゃなくて、モノと人の関係を書けばいいんだ！」と分かったんですね。『週刊住宅情報』の説明をしようとすると切り口は少ししかないけど、『週刊住宅情報』がいろんな人にどういう幸せを与えているのか、住宅情報と新婚夫婦、住宅情報とシニア、住宅情報と誰々といったように、**モノと人との関係のバリエーションを考えていくことがコピーの基本なんだと気づいた**んです。それが分かったら急に、次々とコピーが書けるようになった。

五明　溢れでるような感じですか？

谷山　もうワーッと。

五明　身体から炎が出て見えるぐらいの勢いで（笑）。

谷山　コピーは商品の説明だけではなく、モノと人との関係を書いているんだという気づきは、ちゃんとしたコピーライターだったら、いつかどこかの時点であるんですよ。僕の場合

〈1〉リクルートの住宅情報誌の中吊り広告。『女房のおやじに、家の一軒ぐらい持てん奴は……と言われたときは、ムッとした。今、ムスメの彼に同じことを言っている。順ぐりだね。』のCD（クリエイティブディレクション）を仲畑貴志が担当した。

はそのタイミングが妙に早かったので、入社して1年目から一人で書けたんです。早く気づいたから人より前にいけるというものでもないんですけどね。

人生でいちばんショックをうけた打ち合わせ

五明　それだけ最初から書けると調子に乗ってしまうというか、気が緩んでしまうこともありそうですけど、そんなこともなく、ここまで一線で続けてこられたのは何があったんでしょうか。

谷山　どうでしょうね。非常に幸運だったのは、アートディレクターの大貫卓也〈※2〉さんが4年先輩で、たまたま隣の席に座っていたことです。この人がとんでもない人で。僕が22歳の時に大貫さんは26歳だからすごく若かったわけですけども、その時点で社内中から「こいつはスゴい」と思われていて、その3、4年後には日本中に名を轟かせる人間になるんです。その大貫さんとの最初の打ち合わせが人生でいちばんショックを受けた時かもしれないですね。人間の頭脳はこんなに高速で回転するのかと。次から次へとアイディアを生み出していく現場みたいな感じを味わったというか。

五明　それまでに、そういう人は見たことがなかったんですか？

谷山　打ち合わせには自分も事前にコピーをいっぱい書いていって、大貫さんは大貫さんでアイディアをいっぱい考えてきてお互いに見せ合うんですけど、アイディアを見せてくれる時に「このアイディアはこれこれこうで……」と説明した後に、「でも、ここが弱いからダメかもしれない」って否定するんですよね。次も、「これはこう思うんだよ」と言った後に「ここがダメで」と否定するんだけど、僕からすれば、どれも素晴らしく面白い。それをすべて自分で説明した後に理由をつけて否定する、それを延々と続けるんです。僕自身もそれなりにモノを考えてきたという自負があったんだけど、圧倒的な思考の量を見せつけられて、もう自分なんか到底及ばないと思いましたね。大貫さんは「としまえん」のグラフィック〈※3〉とか、ある種、日本のグラフィックを変えるレベルの仕事をやったような人なんですが、そんな人がずっと隣にいて、**「いちばん優秀な人間がいちばんがんばっている」というのを間近でずっと感じることができていたからテンションを下げずに頑張ってこられたんだと思う。**どう考えても自分の周りにいる人間

〈2〉クリエイティブ・ディレクター。アートディレクター。としまえんの広告で鮮烈デビューを果たし、数多くの広告キャンペーンやロゴデザインなどを手がける。ペプシコーラのキャラクター「ペプシマン」やソフトバンクのロゴなど。カンヌ国際広告祭グランプリ、ニューヨークADC賞ほか受賞多数。

〈3〉グラフィック広告のこと。ポスターや新聞など、大量に印刷される媒体を使った広告。

の中でいちばん、図抜けて優秀な人が、他の誰よりもいっぱい考えて努力している。そんな人が近くにいたから、気の緩みようがなく、モチベーションを維持できた。隣に大貫卓也さんがいたことは本当に幸運でした。

もう一度、1年目になるために独立した

谷山　僕は博報堂を13年目で辞めたんですけど、その理由のひとつにもモチベーションがありました。

五明　モチベーション？

谷山　自分では全力で仕事をしているつもりだったんですけど、ふと13年も経つと、1年目や2年目の頃に比べて頑張れているのかな、と思ったんです。あの頃に比べたら、そうでもないかもという気持ちが起こって、これはもう一度、1年目に戻るのもいいじゃないかと思って独立したのもあります。

五明　不安はなかったですか？

谷山　不安はものすごくありましたよ。当時は代理店から独立する人が全然いなかった時代で

すから。

五明　でも、1年目の気持ちになるためにはそれをやるしかなかったと。

谷山　もちろん、現実的な計算もありました。戦略的なところからアウトプットまで考えられるフリーはそれほど多くはないから、僕にも頼んでもらえるだろうという計算もありました。でも、そういう冷静な計算はありつつも、青臭いけど、もう一度、1年目になることは必要じゃないかとは思いましたね。

人よりちょっと得意なことを見つけるのが大事

谷山　仕事の選び方でいうと、**人よりちょっと得意なことを見つけて、人の何倍も努力すれば成功する。**その、ちょっと得意なことを見つけるのが大切で、そこが見つからずに人の何倍も努力しても、たいがい何にもならないんだよね。

五明　得意なことって、どうやって見つけるんですか？

谷山　それを教えてくれるのは他人だと思うんだよ。過去に何をやった時にいちばんほめてくれたか、社会人だったら、今まで何をやっていちばんお金がもらえたか。お金は価値を表しているから。

五明　努力したかは関係なくですか？

谷山　そう。自分がどうかよりも、意外と教えてくれるのは他人。僕は仕事をやっていて何がうれしいって、「谷山がいて助かった」って言ってもらえることですよ。僕がコピーを考えたりアイディアを考えたりすることで周りの人間に「助かった」って言ってもらえるのがうれしい。それは結局、自分に向いていることを選んだんだなという。

五明　うーん。褒められたことかぁ……。

谷山　もちろん、金にならないこともあるけど。努力している人は世の中にいっぱいいるんですよ。でも、最初に人よりちょっと得意なことを見つけることの方が、より大切じゃないかと思いますね。

五明　得意なことは他人が言ってくれるっていうことなんですね。

谷山　得意なことをやっていると、つらくないわけですよ。もちろん、僕はコピーが向いていると思って選んだ後、若い頃は普通に、コピーを200本、300本書く努力もしましたよ。でも、努力をしている気にもならない。楽しいから。

【肝に銘じます】

・コピーの基本は、モノと人との関係のバリエーションを考えること

・一番優秀な人が一番頑張っている

・人よりちょっと得意なことを見つけた上で努力する

自分が「面白い！」と思ったアイディアを否定された時はどうすればいいのか問題

「コピーライティング」と「大喜利」は似ている⁉

五明　「コピーは課題解決だ」と谷山さんの著書に書かれていましたよね。企業から出された課題をどう解決するかを、谷山さんがコピーとして答えを出す、ということだと思うんです。僕ら芸人も「大喜利」ではお題が出されて、その中で何が客にウケるかを考えて答えを出すんですけど、頭の使い方としては同じなんですかね？

谷山　同じなのかもしれないですけど、大喜利って本当にあの場でやっているの？

五明　基本的にはその場で考えることが多いです。

谷山　その場で考えて答えを出すっていうのは、すごい瞬発力だね。

五明　それでウケると、めちゃくちゃ気持ちいいんですよ。

谷山　瞬発力になってくると、僕らがやっているコピーとは違う気はする。少し寝かせてから導き出すものなので、そこまでの瞬発力や反射神経は必要ないんです。でも、考え方としてはそんなに変わらないんじゃないかと思いますね。僕は一時期、フジテレビの『ペケ×ポン』〈※4〉という番組の『ペケポン川柳』というコーナーに出ていたんです。川柳の上の句が出されて、下の句に何が入るかを当てるコーナーだったんですが、その時に驚いたのが芸人さんの瞬発力。くりぃむしちゅーのお二人とか、タカアンドトシさんとか、もう早い早い。

五明　超人たちですから。逆に、芸人は時間を与えられるほど辛いかもしれないです。時間が経つほど、「どれだけ面白いものがくるんだろう」と期待が募るので。程よいタイミングで出したいですね（笑）。

谷山　五明さんは、大喜利はよくやられるんですか？

五明　ハイ。大喜利は好きです。

谷山　どんなふうに考えて答えを出すんですか？

五明　まず、お題がルールじゃないですか。だから、僕はそのお題の中でいろいろ角度を変えて考えます。たとえば、『こんな対談はイヤだ。どんな対談？』というお題だとしたら、僕（インタビュアー）目線と谷山さん（インタビュイー）目線、それから、その周りで起こる状況で、いろんなパターンがあると思うんです。それらのいろいろな角度から面白いことはないかなと考えます。

谷山　その話を聞くと、スピードの違いはあるけれども、モノの考え方は近いですね。かなり近いと思いました。**僕らもコピーを考える時には、視点をどこに置くかで、試行錯誤しま**

す。いろんなところから見てみるというのは必ずやりますね。たとえば、カメラでいうと、「接写したら」「標準で見たら」「望遠レンズで見たら」「衛星カメラで見たら」というように寄りから引きまで、いろいろな視点で考えていくんです。だから、「視点を変えて考える」というのは近いんじゃないかという気はしましたね。ちなみに広告って、ひとつのテーマで、たくさんの答えの可能性を出す訓練をするんですけど、お笑いもひとつのテーマから、たくさんの可能性を考えて案を出したりする？

五明　出しますね。コントとかでも。

谷山　ひとつの設定があったら、ここからどう展開するかということで、きっとものすごくバリエーションを考えますよね？

五明　考えます。店員と店員でいくのか、店員と客でいいのか、客と客なのかとか。

谷山　最近、映画とか音楽とか、あるいはアートとか、そういう分野の人とも話したり、仕事の手伝いをしたりする機会があるんですけど、「広告屋って、一人の人間、ひとつのテーマで、何で、そんなにいくつも切り口とか、視点とかが出せるの？」と、すっごく驚かれるんですよ。

〈4〉フジテレビ系列で2007年4月11日から2016年2月23日まで放送されていたクイズ・ゲーム企画を主体にしたバラエティ番組。

五明　へえ。

谷山　映画や音楽の方って、「ここだ」と決めてそのテーマや物事を深く掘る人がほとんどで、切り口をそんなにいろいろ考えたりしないんですね。そういう人たちと付き合う時は、切り口を多く出せるのが広告屋の武器だと思うので、あえて色々な視点をいっぱい見せてあげようとするんですけど。お笑いの方々は逆に、そこら辺は広告とわりと似ているんじゃないかなと。

五明　お話を聞いたら、似ていると思いました。

広告も、お笑いも受け手が価値を決める

五明　たくさんのアイディアを出したあと、その中からどのように絞っていくんですか？

谷山　普通のプレゼンや打ち合わせでもいろいろなバリエーションを見せることはあります。僕は、時によりますけど、50本くらいのコピーを書いてくことはよくあります。自分の思考の過程を見てもらいたいところもあるので。「まず、こういうふうに考えたんだけど、こうでこうで……」と説明します。

五明　それ、出す順番もある程度、決まっていますか？

谷山　決まっています。

五明　やっぱり、そうなんですね。

谷山　単純に考えた順というだけでなくて、相手が理解しやすいような順番にする時もあるんですけど、ザーッと出していって、「これだけ考えましたけど、僕がいいと思うのはコレかコレかコレで、その理由はこれこれとこれこれ」と話すのが一般的です。その時に僕が選んだ以外のものを周りの人が「これがいいよ」と言うこともありますけど、そうしたら「あ、そうかぁ」と受けいれますね。絶対にコレということではないですから。基本的に僕は、広告は受け手が価値を決めるものだと思っているので。それはお笑いもそうなんじゃない？

五明　そうですね。ウケるのがやっぱりいちばんですからね。お客さんに笑ってもらえるという。自分が言いたいことはあったりしますけど。

プロ同士の打ち合わせ

谷山　たとえば、もし僕の前にどう考えてもCMに全く興味のない学生が5人並んでいたとして、彼らに僕が最高にいいと思うコピーを見せて「分からな～い」「つまらな～い」「何これ～」という反応が返ってきたとしましょう。そしたら、自分が考えたコピーはつまらないんだと思って、次を考えるのが広告の仕事だと思うんです。

五明　それはネタをやって、全然、客にウケてない。こっちの客にもウケてない。こっちも……となった時に、「何で、おまえら笑わねぇんだよ！」って言うのと同じですよね。

谷山　僕はお笑いはやったことないけど、なんか近いような気がする。もし、そこで、「何で笑わないんだ！」と言い出したら、もはや、お笑いじゃない、別の概念のものになってしまうよね。ある種のパフォーマンスだったら、そういうことはあり得るかもしれないけど。

五明　「ウケる」「ウケない」じゃなくて、別の価値や基準を持ったパフォーマンスになってしまう。

谷山　広告もそうならないようにしないと。だいたい若い頃ってさ、自分の考えたものを何で分かってくれないんだって、すごく悩むんだけど、どちらかというと僕は悩む暇があるんだったら次を考える方だから。

五明　そうかぁ。**悩む暇があったら次を考えろ**、と。そうですよねぇ。

谷山　悩む気持ちは分かるよ。

五明　芸人でもウケない時って、ついライブや収録が終わった後で酒飲みながら延々愚痴っていたりするんですよ（苦笑）。

若手のコピーライターが勘違いしていること

谷山　難しいんだけど、自分の考えたものを否定された時に、何も傷つかない人間も、それはそれで向いてないよ。自分が考えたものに対する自信とか、自分はこれを面白いと思うっていうのは、モノを考えたり、つくったりするためのエネルギー源だから。そのエネルギーが全くない人間はやっぱりダメだと思う。そのエネルギーをもった人間が、否定された時にこだわるんじゃなくて、次にいくぞと切り替えるのが大事なんじゃないかなぁ。

五明　悩んでいる暇があったら考えろ!!

谷山　若いコピーライターは、有名クリエイターと言われている人は考えたアイディアがどんどん採用されて、ほぼそのまま実現しているんだろうと思っているんです。でもそれは、違う。勘違いしている。

五明　え、僕もそう思っていました。今の谷山さんでも否定されるんですか？

谷山　もちろんダメ出しされまくっている。

五明　え!?　年下の人にでもですか？

谷山　ええ。もう56歳ですから、年下の社長もいるし、20代後半の担当者にダメ出しされることもある。

五明　それは知らなかったです。

【肝に銘じます】

- アイディアを否定されて悩む時間があるなら、次のアイディアを考える
- コピーを考える時はいろんな所に視点を置いて考える
- 広告は受け手が価値を決めるもの

超一流のコピーライターはどんなプロポーズをするのか？

1対1のコミュニケーションでは言葉がメインではない

五明　お答えいただけるのか分からないんですけど、谷山さんは奥様にどんなプロポーズをされたんですか？　言葉のプロの方がどんなプロポーズをされるのか気になって。

谷山　「結婚しよう」ってだけ。

五明　へえ！　それはもう、シンプルに？

谷山　プロポーズは大事なことだけど言葉で決まるものじゃない。言葉の力じゃなくて、そこまでの関係が前提にあるでしょ。

五明　確かに、そうですね。

谷山　**言葉って1対1で直接話している時にはコミュニケーションの一部でしかない。**むしろ、言葉はコミュニケーションのメインじゃなくてサブじゃないかと思う時すらある。特に親しい間柄なら、普段のその人の人格や行動が背景にあって、これらを分かりあった上で、言葉でのコミュニケーションがあるじゃないですか。もっと言うと、たとえば、恋人同士とかになったら、言葉以外にも見つめあうとか、手を握るとか、ハグするとか、強力なコミュニケーションが他にもある。その中では、言葉はコミュニケーションを支えるサブの時もあるぐらいのものだと認識しているのね。

五明　確かに。プロポーズの言葉がいいから「結婚する」というわけじゃない。それまでにいろいろなコミュニケーションがあって、関係性を築いた上でのプロポーズの言葉ですもんね。そう考えると、真剣に「結婚しよう」と言うのが最高のプロポーズかもしれない。

広告は1対1千万人のコミュニケーション

谷山　コピーライターの仕事はプロポーズと違って伝えたい相手がひとりじゃなくて、1対100万人とか、1対1千万人のコミュニケーションでしょ。僕という話者がいない状況で言葉が世に出るから、コピーが僕の代わりをしてくれないといけない。100万人、1千万人を相手にいちいち見つめあったりハグしたりすることは不可能なので、その代わりに言葉が誰かを見つめたり、ハグしたりしてくれよということで書いているところがあります。

五明　そうなんですね。1対100万人とか、1対1千万人でのコミュニケーションという意識は、広告の発信側として大切なことだと思うんですけど、そこに気づかれたのはいつ頃なんですか？

谷山　こうやって説明できるようになったのはだいぶ経ってからだけど、仕事をするようになると段々分かってくるよね。原稿用紙にコピーを書いて打ち合わせをしている段階ではまだ、目の前の人とのコミュニケーションなんだけど、それが一度、世に出ると、僕という話者の存在が消えるので。その中で人の心に刺さって残っていく言葉にするためにはどうすればいいのかというのは、わりと早めに自分のテーマとしては考えていましたね。

五明　そうなんですか。

谷山　目の前にいる100人ぐらいの人に届けるのも僕はわりと得意な方だと思うんです。講義もよくやっているので。でも、その講義の上手さとコピーの上手さは全く別の話。その差はすごく考えるんですよ。

五明　目の前にいる100人に伝える講義と、目の前にいない100人に伝える広告とでもちがうんですね。

レトリックを使うのは、大勢に効果的に伝えるため

谷山　コピーライターって、ある技巧を使う時に、これを使ったことによって何が良くなったかを自問自答していくわけですよ。たとえば、**コピーって対句で書くと何となく書けたような気がするけど、果たして、対句にすることで、しない場合よりも何が良くなったのかと自分に問いかける。**例えばサントリーウイスキー山崎の「なにも足さない。なにも引かない。」などは有名な対句で、これは素晴らしく機能した名コピーなのですが、そうしたことによって「記憶しやすくなった」とか、あるいは「口にしたくなった」というプラスが絶対的にあるので良いんだけども、たまに対句にしたことによってリズム感だけ残って意外に中身が伝わりにくくなることもある。そうしたら、「この対句はナシだ」という判断をしないといけない。常に、**言葉を変えたことで何のプラスが生まれるかを自問自答しながら検証していく**んです。そうすると、プロポーズにおいて「しゃれた言葉を考えたところで、何の意味があるんだ？」と考えてしまうわけですよ。自分と相手の関係を考えると、そこでしゃれた言葉を使うことのプラスはそれほどない。普

通に「結婚しよう」で充分じゃないか。考えていないわけではなく、そういうことを考慮した上での「結婚しよう」だと思いますけどね。

五明　そうですね。たしかに対句を使うと何となく書けた気がする。でも、ちゃんと検証するのは大事ですね。それに、お話を聞きながら思ったんですけど、芸人だからって面白いプロポーズするかって言ったら、しないですもんね。そういうことですよね。なんか、すみませんでした（笑）。

【肝に銘じます】

言葉を変えたことで何のプラスが生まれるのかを常に考え、その状況に応じて最適な言葉をチョイスする

4

これからの時代の
コピーライターとは？

ウェブの登場で新しい伝え方が生まれた

谷山　広告の世界ってね、そんなに戦略的に売り込もうとしなくても面白い人は勝手に周りが見つけてくれる世界なんですよね。広告の、特に優秀な人たちって、本能的に世の中から面白い人を見つけて、「ここに面白い人がいるよ」と言いたくて、しょうがない人たちなんですよ。「彼はいいよね」っていう人を見つけたら、言いたくてしょうがない。僕自身も結構「あいつは面白いよ。きっと何かやらせるといいよ」って言っちゃうんですけど。

五明　今、面白いぞという人はいるんですか？

谷山　何人もいる。

五明　もし、挙げるとしたら誰ですか？

谷山　電通の尾上永晃〈※5〉さん。ウェブでやっている日清食品の『10分どん兵衛』のキャンペーンとか、今年、TCCの新人賞をとった同じく日清食品の『クリスチャン・ラッセン　かき揚げを、描きあげる。』とかすごく面白い。

五明　ありましたね。尾上さんもＴＣＣ新人賞を僕と同じ２０１６年に受賞されていました。

谷山　**ウェブができる前の時代からやっていたコピーライターにとって、いちばん大切な能力は文章を削って集約していく能力**だったんですよ。とにかく無駄を省いてコンパクトにできない限り、なかなか自分が書いたものを世の中に出せなかったわけ。だから、その能力がすごく研ぎすまされていった。ところが、ウェブが出てきてから、実際に読んでもらえるかどうかの差はあるにしても、削って集約しなくてもとりあえず、そのまま世に出すことはできるようになった。そういう意味で、次にコピーに何か新しいフェーズが表れるとしたら、僕らみたいな「集約力」ではない、ダラーンと長いまま伝えられるようなタイプの書き手が登場してくるんじゃないか、と10年以上前から僕は言っていたんです。

五明　そんな前から。

谷山　でも、意外にそういうところに秀でた人間が出てこない。なんだかんだ言ってウェブという世界でも、ある種の集約力がないと目に留まらないのは確かなので、結局のところ古典的な力がまだ勝っているな、という印象ですね。でも最近、尾上さんがやっている

〈5〉デジタル領域を得意とする電通のプランナー、イラストレーター、コピーライター。日清の「10分どん兵衛謝罪広告」など。

どん兵衛の広告みたいなものを見ていると、天才が現れたとは言わないまでも、この人は僕がずっと言っていた、ダラダラ〜っとしながら伝えてしまうのがとても上手い人なんじゃないかなと思います。

五明　ダラダラっとしているようなコピーが時代に合っているということなんですか？

谷山　尾上さんのコピーは、**メディアの使い方が時代に合っている、メディアをとても上手く使っている**という気がしますね。たとえば、本来なら5分で食べるカップ麺を10分待つとおいしいというのは、そもそもマキタスポーツさんがラジオで言い始めたことじゃないですか。だから、ネタとしては彼のオリジナルじゃないんだけど、マキタスポーツさんが言ったことの利用のしかたが上手いですよね。自分のオリジナリティを出すのではなくて、「流行っているんだったらそれを使わせていただこう」という、利用のしかたがウェブというメディアにはきっと合うんだろうなと。そういうところで、彼のコピーには時代性があると思いますね。

伝え方は変わっても人の気持ちが変わるわけじゃない

谷山　ただ、あまり時代、時代って言いたくない気持ちもあるんです。新しいメディアもどんどん出てきているし、広告のコミュニケーションの変遷という意味で、時代性はあるけれど、僕はそこまで広告をつくる時に時代性を意識していない。**単にウェブの時代だからウェブでどんどん展開していけばいいという話でもない。**結局のところ、人間の喜怒哀楽、何を面白いと思い、何に泣いて、何が頭にくるというのは大きく変わるわけではなくて、広告は意外と、そういう人間のずっと変わらない感情に訴えかけたりもしている。

五明　結局は、対ヒト？

谷山　そう、対ヒトと考えた時に、ヒトはそんなには変わらない。震災の直後、広告コミュニケーションはこれから劇的に変わらざるを得ないみたいなことを皆、言っていたけれど、僕は絶対にそんなことはなくて、**人間はすぐにバカバカしいものとか、不謹慎なものとかを見たくなるに決まっているっ**て言っていた。実際そうでしょう。

五明　そうですね。

谷山　ボランティアは大切だなとか、確かに震災後に芽生えた気持ちもあるかもしれないけれど、だからと言って、震災を境につまらなかったものが面白くなったり、面白かったものが笑えなくなったり、泣けるものが怒りを覚えるものになったりはしていないですよね。

五明　確かに、デリケートな部分はありますけど。

谷山　根本は変わらない。それで言えば、僕の好きな落語も、現代的なアレンジは加えながらも200年前の話で大笑いさせたり、人情で泣かせたりできる。それは、基本的な人の気持ちがそんなには変わらないからだと思う。だから、その時代のメディアに合った話法で、人の変わらない気持ちに訴えていくということなのかな。

小さな流行が可視化できるようになった時代

谷山　時代性という意味では**ウェブによって、小さな流行が可視化できる時代になった**と思うんだよ。

五明　小さな流行の可視化？

谷山　小学校の頃はウェブとかはあった？

五明　全然なかったです。高校に入ってからですね。

谷山　そうしたら、昔ってさ、「この小学校だけで流行っていること」が絶対あったじゃん。

五明　ありました、ありました。

谷山　あるでしょ？　この小学校だけ、この言葉を言うと全員バカ受けみたいな。そういうものって昔からあったんだけど、当時はそれがメディアから広がったりすることはなかったから絶対にローカルなものだったんだけど、今はウェブのお陰で、小さな学校レベルの流行りすら表に出るようになってきているんだよ。

五明　誰かがツイートして、ちょっと拡散したら、みたいな。

谷山　そうそう。『10分どん兵衛』なんか、それに近いんだよ。昔だったら、小学校レベルの流行。それが可視化されて世に出る時代になったから、**ものすごく小さな流行りを上手いこと大きな流れに持っていこうと考えるのが大切なこと**で、僕は尾上さんとかはそういうことが分かっているんじゃないかと、すごく感じる。

五明　そういう小さな流行を見つける嗅覚や、それを吸い上げて大きくする能力に長けてると。

谷山　『かき揚げを、描きあげる。』にも、そういうのを感じるわけ。

五明　自分の小学校にもありました。調子に乗ってるヤツを「オスってる」、女たらしを「メスってる」って言っていたんですけど、2キロも離れてない隣の小学校には全く通じなくて、自分の小学校では全生徒が分かる。ものすごく小さなコミュニティの話ですけど。

谷山　これからはその小さな流行が可視化されるから、その**小さなコミュニティの中からメジャーに広がっていく可能性だってある。**

五明　どの学校にもひとつは小さな流行ってありますよね。その中に全国区に広がる、宝が埋もれているかもしれない。

谷山　僕も正直言うと、そこまでウェブが分かっているわけじゃないんだけど。今より20歳若かったら積極的に自分で何かを仕掛けようと思ったかもしれない。僕も少し、評論家的になってきちゃっていて「気づいたぞ」というだけで、あんまり自分でやろうとしなくなっているから良くないな（笑）。でも、そこに何か鉱脈はありそうな気はする。

五明　小さな流行が可視化されるって話とても分かりやすかったです。ありがとうございました！

【肝に銘じます】

・時代は変わっても、人間の根本は変わらない

・今は小さな流行が可視化されるようになった時代。小さな流行を大きく広めようとする考えが大切

谷山さんからの

課題

お墓参りをする人の数、
あるいはその回数をもっと
増やすためのコピーを書いて
ください！
（30本）

墓参りをする人、回数を増やすためのキャッチコピー

作：五明拓弥

・親がいなくなってからもできる親孝行。
・親に会いたいけど照れくさい、会う口実に墓参り。
・子供に作法を教えよう、自分が入った時のため。
・親族から株を上げるの、けっこう簡単かもしれない。
・「ひとりで墓参り行ってきた」、なんかモテそう。
・入ってから先祖にチクチク言われないために。
・入ってから姑がうるさいですよ、奥さん。
・先祖が黙って愚痴を聞いてくれます。
・先祖が眠る街、食べログで調べよう。
・先祖が眠る街の美味しいレストランを調べよう。
・先祖が眠る街の美味しいラーメン屋を調べよう。
・先祖が眠る街の名所、調べたことありますか？
・仕事が思うようにいかないあなた、その原因……。
・身体の調子が悪いあなた、その原因……。

・最近うまくいかないあなた、その原因……。
・あの俳優に会えます。
・あの女優に会えます。
・あの作家に会えます。
・あのミュージシャンに会えます。
・あの歴史上人物に会えます。
・東京はたくさん有名人が眠ってます、観光のついでに。
・マンネリ気味のデートコース、有名人の墓参りはどうですか?

・谷中霊園はカワイイ野良猫たくさんいます。
・SNSに書くネタ、困ってませんか?
・「いいね!」がほしいあなたに。
・髪型・服装自由! 短時間でOK!!
・「会いたい」
※故人の感想です。
・「仏壇でした気になってんじゃねぇぞ!」
※故人の感想です。
・「行く暇ないって、こっちからは全部見えてるからな!」
※故人の感想です。
・「先祖一同、心よりお待ちしております」
※故人差があります。

墓参りをする人、回数を増やすためのキャッチコピー

赤字添削：谷山雅計

・親がいなくなってからもできる親孝行。

・親に会いたいけど照れくさい、会う口実に墓参り。

○ 子供へのお手本という視点は、マジメだがありかな。

・子供に作法を教えよう、自分が入った時のため。

・親族から株を上げるの、けっこう簡単かもしれない。

△ 墓参りという行為を軽くしてハードルを下げてる。

・「ひとりで墓参り行ってきた」、なんかモテそう。

・入ってから先祖にチクチク言われないために。

・入ってから姑がうるさいですよ、奥さん。

実際に「入ってから」のコトを考える人は、まずいない。

△ 悪いわけではないが、墓やお寺のCMで何度も何度も使われるパターン。

・先祖が黙って愚痴を聞いてくれます。

△

・先祖が眠る街、食べログで調べよう。

・先祖が眠る街の美味しいレストランを調べよう。

・先祖が眠る街の美味しいラーメン屋を調べよう。

・先祖が眠る街の名所、調べたことありますか？

ついでにという発想はありだが、同じパターンで数をかせいでいるだけにも見える。

・仕事が思うようにいかないあなた、その原因……。

・身体の調子が悪いあなた、その原因……。

コピーのトーンがネガティブなのが気になる。

本来の「墓参り」を増やすというテーマの解答になっているか？

△

・最近うまくいかないあなた、その原因……。

・あの俳優に会えます。

・あの女優に会えます。

・あの作家に会えます。

・あのミュージシャンに会えます。

・あの歴史上人物に会えます。

・東京はたくさん有名人が眠ってます、観光のついでに。

・マンネリ気味のデートコース、有名人の墓参りはどうですか？

これも同じ考えで数をかせいでいる感じ。

これを「前向き」にもっと書けないか。

・谷中霊園はカワイイ野良猫たくさんいます。

・SNSに書くネタ、困ってませんか？

・「いいね！」がほしいあなたに。

もはや100万人が100万人書くレベルで一般化しすぎている。しかも本当の動機には、まずならない。

・髪型・服装自由！　短時間でOK!!

そんなことは誰でも知っている。発見ではない。

・「会いたい」

※故人の感想です。

◎

・「仏壇でした気になってんじゃねぇぞ！」

※故人の感想です。

これはいい。ちょっとドキッとする。

・「行く暇ないって、こっちからは全部見えてるからな！」

※故人の感想です。

・「先祖一同、心よりお待ちしております」

※故人差があります。

の部分はユーモアのつもりだろうけど役に立っているのか？

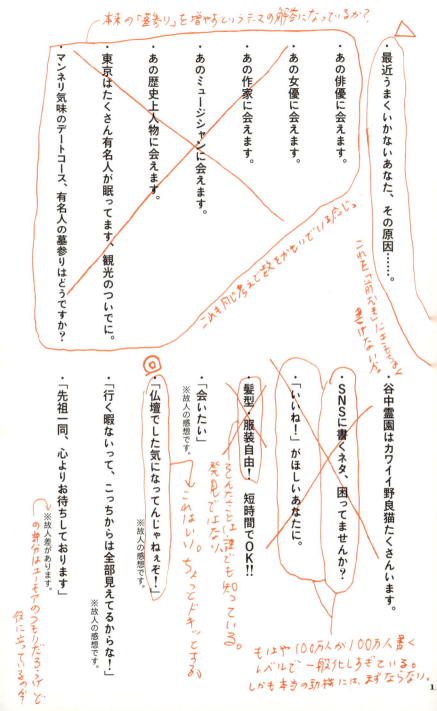

講　評

30本書いていないですね。実質的には5〜6本くらいでしょうか。プロなら30本に30の切り口は無理にしても10方向以上のモノの考え方を提示できるようになってほしい。「何のために書いているのか」の目的意識も薄いかな。今、「墓参り」に行かない人はたぶん「めんどくささ」や「重たさ」というハードルを感じているんだろうから、そこをいかに「軽く」「気軽に」できるかを掘りさげてほしかった。

あと、書いている五明さん自身が「リアル」で書いているか「フィクション」で書いているかがあいまい。「リアル」を目指すなら、もっと「そういえば、それもあるなぁ……」と深く思い当たる部分まで探す。「フィクションやユーモア」で勝負するなら、もっと極端に「そんなことあるワケないけどぶっ飛んでいて記憶に残ってしまう」レベルを追求する。自分で今どっちの方面で勝負しているのか自覚しながら書かなければ（このテーマだと基本は「リアル」でしょうけどね……）。僕だったら、「墓参り」に近いもので、普通の人がもっとよく行っているモノって何だろうと考えますね。初詣に行っておみくじを引いている人ってたくさんいる。受験の合格祈願する人も多い。パワースポットも流行っていますね。要はライトな神頼みって、たくさんの人がやっている。じゃあヨソの神さまより、実際のご先祖に頼むのはアリでは、と提案してみる。まあ、これは一例ですが、どこから「客」を奪ってくるか考えるのも、広告の基礎の基礎だと思いますよ。

コピーライター
尾形真理子さんに聞く
どうすれば女性に響くコピーが書けるのか？

尾《お》形《がた》真《ま》理《り》子《こ》 2001年に博報堂に入社。資生堂、キリンビール、日産自動車などの大手企業のコピーを手がける。同年よりLUMINEの各種広告を担当。コピーで多くの女性の心を掴み、2010年にはLUMINEのコピーをタイトルにした『試着室で思い出したら、本気の恋だと思う』（幻冬社）で小説デビューを果たした。TCC賞、朝日広告賞など受賞多数。

【尾形さん、勉強させていただきました】

僕が芸人としてデビューした2001年、同じ年に「ルミネ the よしもと」という東京吉本総本山の劇場がオープンした。

その劇場は新宿のLUMINEというファッションビルに入っている。出番の空き時間に暇潰しで館内を徘徊してみると、お客さんも店員さんも全員がキラキラと輝いて見えたのを今でも覚えている。強面で189cmの僕が館内を徘徊していることが発覚したら、LUMINEから吉本にクレームが入り、劇場の出番をなくされる恐れがあるので、今は長時間の徘徊は自粛している。

そんな素敵なファッションビルLUMINEのコピー等を手掛けているのが今回の対談相手、尾形真理子さんだ。

『試着室で思い出したら、本気の恋だと思う。』や『運命を狂わすほどの恋を、女は忘れられる。』などの素敵なコピーを書かれているのでさぞかし女性っぽい方かと思っていたのだが、尾形さんの口からは出てきた言葉は、「女心とか、まったく興味ないですから」だった。

女心に興味ない尾形さんが、なぜ女性の心に刺さるコピーを書けるのか。

お笑いでは、お客さんを共感させて笑いを誘う【あるあるネタ】というのがある。

尾形さんのルミネのコピーを見た時、その「あるある」だと思った。僕は女性ではないのに尾形さんのコピーを見ると、どこか共感できる。

もちろん、僕は今まで一度も試着室で好きな人を思い出した事はない。でも、きっと試着室で思い出したら本気の恋なんだろうなと思わせる。

なので、対談では尾形さんの「あるある論」は絶対に聞こうと思っていた。

尾形さんは「あるある」について「全員が共感できるあるあるだと大して飛距離が出ない」とおっしゃっていた。これもお笑いのあるあるネタに似ている。では、どうすれば飛距離の出る、広告コピーとして効果的なあるあるを書けるのか。感覚ではわかっていても言葉で説明するのが難しかった「あるある」をわかりやすく解説してくれた。


対談後、ふと思った。

事務所の先輩にレイザーラモンRGさんという面白い方がいる。RGさんの持ち芸のひとつに、曲にのせてあるあるを歌うというネタがある。いつかルミネ the よしもとで、尾形さんのコピーをRGさんが曲にのせて歌うライブを観てみたい。

名作コピーをただ書き写してもダメ

LUMINEの広告は不思議な火のつき方をした

五明　芸人を17年やっているんですが、ラジオCMの制作にお誘いいただいたことがきっかけで広告の世界を知って、まだ右も左も分からない状態なので、今日はこれから広告の世界でやっていくにはどうしたらいいか、どうやってコピーが書けるようになったのかなど、いろいろお聞きしたいと思っています。尾形さんはルミネの広告を担当されていますよね。季節ごとに変わるコピーが若い女性から支持を受けていますが、あのコピーはどういうふうにして生まれたんですか？

尾形　そうですね、ルミネの広告でいちばん世に知られているのは『試着室で思い出したら、本気の恋だと思う。』という2008年のコピーだと思いますが、あの広告は、実はTCCの新人賞をとってないんですよ。

五明　そうなんですか。

尾形　とれなくて悔しいという話ではなく、すごく不思議な火のつき方をしたんです。ルミネの広告をなぜ、あんなパーソナルなメッセージにしたのかというのは、一応、私のなかに計算はありましたが、最初はあのコピーがどう効いているのかが正直分からないというか、実感がなかったんですよね。これでいいのだろうかと手探りでやっていたら、広告のターゲットだった若い女の子たちから「このコピーがすごく好き」という声が集まってきて。「じゃあ、この方向で良いのかな」と、逆に、ルミネに来ている女の子たちの反応に背中を押されたようなところがあるんです。

LUMINEの広告はどのように誕生したのか

五明　計算があってパーソナルなメッセージにされたというのは、どういった計算だったんですか？

尾形　あの広告は最初、一般的にイメージされるファッション広告ではないところを狙ってつくりました。私が担当し始めた頃のルミネは、ファッションビルに変わっていく、まさに過渡期だったんですね。

五明　洒落てなかったっていうことですか？

尾形　現在のルミネは「わたしらしくをあたらしく」という企業スローガンですが、それまでは「駅の上にはルミネがある」というものでした。「駅ビル」の利便性を端的に伝えるもので、ファッションの要素は入っていなかった。その時はそこにニーズがあったから、それでもちろん良かったんですけど。駅の商業スペースがどんどん進化していく時代になり、ルミネはファッションに寄せていこうという経営判断があったんですね。ただ、ファッションに寄せると言っても、その時点で世の中の人に「ルミネ＝ファッションビル」というイメージはまだ浸透していませんでした。そんな中でいきなり、「これぞファッションだ」みたいな顔つきの広告で出ていったら、すごく違和感があるというか、ルミネの広告として認識してもらえないのではないかと思ったんです。一方的に世界観をつくり上げても、**消費者ってすごくシビアなので。**それで、まずはルミネのロゴにマッチするようなファッション広告を考えてみようというところから始めました。だから、ビジュアルには外国人のモデルを使わなかったし、コピーも英語にしませんでした。ルミネに入っているお店は、ルミネではない商業施設にもあります。お客さまからしたら、別にルミネで買わなくても全然よくて、むしろ「路面店で買いたい」と思う人もいるかもしれない。そうすると、まずはルミネがお客さまにちゃんとメッセージを発信して、ルミネという場所を好きになってもらって、真っ先に選んでもらえるようにならないと、と思ったんです。なんだろう、「あなたの本当の気持ちを考えている」みたいな

LUMINE ／試着室で思い出したら、本気の恋だと思う。

ある種の湿度の高さというか、エモさみたいなものを意識したんです。単にそれっぽくしたファッション広告では、「ルミネの○○で買いたい」というふうな枕詞はつかないだろうと思って。刺激だけではなく、励ましも同時にもらえるようなファッションビル。それで、ああいうふうにしていったんです。

五明　へぇー。「試着室～」のコピーができたのはいつ頃なんですか？

尾形　あれは2008年だから、入社して7年目の頃ですね。だから、もう10年ぐらい続いているんですけど、自分で過去のものを見返すことはありません。今は「ルミネ＝ファッションビル」というイメージが定着しているので、それに合わせて、広告の洗練度合いも変えていっています。

「お前はコピー年鑑を見るな」と先輩に言われた

五明　自分のコピーが世に認められるようになるまでって、どんなことをされていたんですか？

尾形　ＴＣＣのコピー年鑑とか、そういうお手本を見て技術を学ぶみたいなところからやっていくのがオーソドックスなパターンだと思います。でも、私は先輩に「一切、年鑑を見るな」って言われました。「お前は年鑑とか、そういうものを見ると、『こういうふうに書けばいいんだ！』と、ただ単に真似するだけだから」と。今、考えると、その先輩もスゴく勇気のいることを言ってくれたなと思うのですけど。

五明　先輩から「見るな」と言われて、代わりに何をしたんですか？

尾形　何がコピーなのかもよく分かっていなかったけど、書くしかないと。とにかくわけもわからずに書いて5年くらいはずっと、「こんなのはコピーになっていない！」と言われ続けるという、変な学び方をしました。

五明　これまでお話させていただいた方の多くは、年鑑を写されていましたが……。

尾形　写経って呼ぶくらいですからね。

五明　じゃあ、いきなり実践ですか？

尾形　実践というか、**コピーの役割は何か、コピーで何を伝えるべきなのか、まずはそれを自分で考えられる頭をつくれということだった**のかなと思います。

雰囲気だけ上手くなっても意味がない

五明　何も考えずに写しても、意味がないってことですか？

尾形　そういうことだと思います。**ただ何も考えずに書き写して、雰囲気だけ上手くなっても意味がない。**私が言い回しのようなものだけ真似をして「こんな感じですか〜？」みたいなフワフワしたコピーを書いて満足してしまうような、浅はかな娘だというのを先輩は見抜いていたのでしょうね。対談の前に五明さんが芸人さんを目指した理由をお聞きしましたけど、私の場合、五明さんとは全く逆で、「面白いことを言いたい」とか、そういう欲がなかったんです。こういうものをつくりたいとか、そういう欲が。

五明　でも、コピーを書きたいから、広告代理店に入ったんですよね？

尾形　うーん、そうなんですが……。

五明　コピー自体は好きだったんですか、入る前から？

尾形　実は、コピーが何たるかというものを入社前は全く分かっていなくて。入社試験で、「好きなコピーは何ですか？」と聞かれて、『1億使っても、まだ2億。』という宝くじのコピーをあげたら、面接官に大笑いされました。「そんなことを言う女はめずらしい、他にも素敵なコピーはいっぱいあるじゃないか」って。当時の私は、3億って言われても大金すぎてうらやましくならないのに、『1億使っても、まだ2億。』と言われると急に、とてもうらやましく感じました。そこは言葉のすごいところだなと思って。『1億使っても、まだ2億。』という言葉で、3億というお金の価値が増えたような感覚があったので、コピーって面白そうだなと思ったんです。でも、どうやったらそういうコピーができるのか分からなかった。それで、「さて、どうしよう」と。

五明 入ったはいいけど、という。

尾形 本当に、「さて???困りました」みたいな感じだったらから、「TCC年鑑も見るな、自分の頭で考えろ」って言われたのでしょうね。だから、ルミネのコピーも最初、みんなは「これは何だ?」と。「コピーなのか、お前のポエムなのか。これが広告としてどう機能するのか理解できない」というふうに周りの先輩たちは首をかしげていました。

五明 そうだったんですね。

コピー年鑑を写していたら
ルミネのコピーは生まれていなかった!?

尾形　それこそ、「腐ったドリカムの歌詞みたいだ」とか、いろんなことを言われたんですけど、その時も「うん、そうだよな」と納得しちゃって、怒りもなかったですね。

五明　そこまで言われても（笑）？

尾形　ショックではありましたけど、自信がなかったから、「確かに、腐ったドリカムなんて、上手いこと言うな。さすがコピーライターだな」なんて思ったりしました。あれは世の中の女の子たちがアリだって言ってくれたから広告になっていった。私は、定型から入ってないのかもしれないですね。

五明　年鑑を写していたら、あのコピーは生まれてなかったと。

尾形　「なんて無駄の多いコピーだ」とも言われましたね。実は、「〜だと思う」とか「〜かもしれない」というように、表現をぼかしているのはわざとなんです。確かにコピーってシャープであればあるほど切れ味はいいです。そこから考えると無駄なようなんですけど、あれは女の子の言語化してないような心の様子を言葉にするということをしているので、そんなにシャープになるはずがないんです。心のなかのモヤッとした感じを言葉にするために、「〜と思う」とか、いちいち揺らぎみたいなものが入っていて。コピーとしての鋭さはないんですけど、そこに女の子の気持ちのリアルが出ればいいな、と。

五明　確かに、広告コピーってシャープで無駄がないイメージがあります。でも、ルミネのコピーは意図があってシャープにしすぎていないんですね。

【肝に銘じます】

・注目が集まるのは世の中の評価が半々に分かれた時

・まずは「コピーで何を伝えるべきなのか」を考えられる頭をつくれ

頭の中にあるイメージ
を
言語化する方法

3人いたら1人が共感する「あるある！」を探す

五明　お笑いと一緒にするものじゃないかもしれないですけど、ルミネの広告って、女子のあるあるネタみたいな要素もあるじゃないですか。そういうネタは日頃からストックされているんですか？　毎回、考えるのはしんどいんじゃないかと思うんですが。

尾形　毎日の生活の中で溜まってはいきますけど、広告にしようと思ってストックすることはないです。

五明　たとえば「コレ良い」と思って携帯にメモしたりなんていうことも？

尾形　しないですね。

五明　へえ。

尾形　プレゼンの前になるといつも必死にあるあるの要素を探します。「あるある」とひと言で言っても、100人いたら100人がうなずく「あるある」と、10人ぐらいの「あるある」、1人しか分からない「あるある」、いろいろあるじゃないですか。そのなかで、100人の「あるある」だと、皆もう知っていることだからコピーにしてもそんなに反応がないんです。逆に、１００人中１人しか分からないことだと99人は「?」となるから、キャッチコピーとしては弱い。どの程度の「あるある」がいいかっていうと、３人に１人が「あるある!」と思ってくれるぐらいでしょうか。分母が変わってすいません。**３人いたら１人は「あるある!」、もう１人は「そう言われてみると、そういうのもあるかも?」くらいの。**もう１人はもしかしたら「全然、分かりません。ルミネの広告、なんかキモい」と言うかもしれないですけど、それはそれでいいんです。

五明　それ、ネタに通じるところもありますね。３人に１人のあるあるネタをぶちこんだらめちゃくちゃウケるかもしれない。１００人が１００人知っているものだと分かるけど、笑えない。

尾形　そうですね。つくっている段階で皆が「わかるわかる!」みたいになっちゃうと、もうこれ以上、飛距離は出ないなと思うのでその方向はあきらめます。

五明　クライアントに見せる前に誰か他の人に見せて反応を試したりもするんですか?

尾形　もう、藁にもすがるような思いで書いているので、チャンスさえあれば聞きます。

五明　じゃあ、いろんな人に聞いてみて、反応を見て調整しているんですね。

尾形　そうですね。ダメ出しもしてもらいます。

いちいち言語化して考える

五明　尾形さんはいろいろなジャンルのコピーを手がけていらっしゃいますが、得意な分野、不得意分野はあるんですか？

尾形　コピーライターは作家じゃないので、自分の得手不得手の前に、仕事を受けたならどんな注文がきても、そこそこのヒットを打てる、みたいな技術を身につけることが必要です。やっぱり得手不得手はありますけどね。

五明　そういう技術を身につけていくために、何か昔やっておいて良かったと思うことはありますか？「これは今、ためになっているな」というようなことはないでしょうか。

尾形　うーん。何でしょう。**いちいち言葉で考えること**ですかね。今はコピーライターだから考えざるを得ないんですけど。言語化できることって世の中のほんの一部でしかないと思っているんです。言葉ってコミュニケーションのツールとしてはすごく有能だけど、万能ではないんですよね。コピーを書いていても、この感じはどう表現したらいいんだろう？ということはよく考えます。どういう言葉にしたら、この感覚は伝わるんだろうって。例をあげれば、匂いや味って言語化しづらいんです。カブの味と大根の味の違いを言葉で説明してくださいと言われたら、結構困りますよね？　職業柄、そういうことも言葉にしないといけないので、これは無理じゃないかと思うようなこともいちいち言葉で考えるっていうクセはついたのかな。

五明　確かに、カブと大根の味の違いを言語化するのは難しい（笑）。

尾形　そのクセがいいのかどうか分からないですけど。理屈っぽい女になっているかもしれない（笑）。

五明　先輩からそうするよう言われたんですか？　それとも、自分で意識的に？

尾形　気づいたら、そんなクセができていましたね。だって、毎日毎日コピーを書かないといけないから。たとえば、iPhoneのカッコよさを言語化するとしたら、なかなか難しいですよね。iPhoneが一台そこにある方が、よっぽどそのたたずまいとか、ブランドのイメージが伝わる。でも、写真を使っちゃダメ、ビジュアルを使っちゃダメ、ちゃんと言葉で置き換えて説明して、ということを頭の中でしてみる。実際の仕事なら、写真の方が伝わる場合は写真を使うようにディレクションしますけど、それでもあえて言葉を使ってということもあります。言語化されていない商品の醸し出す特性みたいなものを、いかに言葉で表現できるかがトライですよね。なんというか、自分の中の動かない場所を動かすリハビリみたいな仕事だなとよく思います。

五明　リハビリみたいというのは、ちょっとずつ神経回路がつながっていくような感じですか？

尾形　そうですね。頭の中に、今までの生活のなかで言語化できていた領域があるとしたら、その先にポコッと、ちょっとずつ、ちょっとずつ、おできみたいなサイズ感で広がっていくイメージです。

五明　へえ。

尾形　そうやってあらたに言語化される一方で、何かを忘れていってもいるんですけど。

コピーを書く時にまず考えるのは奥行き

五明　頭のなかにあるイメージを言語化していく時って、どういうふうにしているんですか？　たとえば、ルミネのコピーは季節ごとに、考えられていると思うんですけど、まず、最初に考えるのはどんなことですか？

尾形　**最初は、わりと言葉じゃなくて、ビジュアル全体における奥行きみたいなことを考えて**

いますね。

五明　奥行き？

尾形　どういう感じだといいのかなというザックリしたこと。たとえば、今回は大きいメッセージがいいのか、小さいメッセージがいいのか、強気な感じがいいのか、ちょっといじけている感じがいいのか。写真とのマッチングなら、すでに写真にあるものをコピーでなぞっても意味がない。最初はその塩梅をずっと考えています。たとえば、今回はモデルが堂々としている感じだから、ちょっと健気なことを書こうとか。そこに強いメッセージが入ると大味になっちゃうから……。でも、健気でもいじけてない感じ、女の子の開放感みたいなものがそこにちょっと感じられるといいよね、ぐらいのことまでコピーを書く前に考えます。そこのバランスをイメージした後、コピーになるまでの道筋はどうなっているかというと……それはもう、見た人がそう感じてもらえるようなコピーができるまで、考えるしかない。

五明　まず全体の雰囲気を考えて、最後にコピー、つまり言葉を考えるんですね。

尾形　そうですね。**最後の最後までコピーは書かない**です。最初に考えた奥行きが間違っていなければ、そこにハマるものであれば、コピーは何でもいいとすら思っています。その言葉じゃなきゃいけないということもないかもしれない。ルミネの場合はちょっと特殊なケースですけど。

共感や実体験がなくても「知っている」が大事

五明　尾形さんの実体験をコピーにしたことって、ありますか?

尾形　あんまりないです。さっきの3人の「あるある」で言うと、私は真ん中なんですよね。**「あるある」と強く共感はしないけど、そういう気持ちがあることは知っている。**だから、私自身は試着室で誰のことも思い出したことはないです。

五明　そうなんですか(笑)。

尾形　すごく服が好きなので、自分の顔すら見てないです。見ているのは服だけ。私の試着はそういう殺伐としたものですけど、洋服を選ぶ瞬間に思わず誰かを意識する女の子がいることは知っているし、そういう気持ちはすごく愛おしいものだなと思います。そういう距離感でコピーを書くので、一応、コレはいやだなと思っていることはそんなに書いてないはずです。

五明　じゃあ、ルミネの『運命を狂わすほどの恋を、女は忘れられる。』というのも実体験ではないんですか?

尾形　実体験ではないです。

五明　ただ、そういう人がいるというのは知っていると。

尾形　そうですね。そういう人がいるというのは知っている。あれは反語にもできて、「忘れられないからこそ、精一杯強がるのだ」と受け取る人もいるし、「忘れるよね〜」とストレートに受け取る人もいるし、それはどっちでも良くて。あのコピーの時は大げさすぎるほどドラマチックに仕上げようというのは決めていて、例のごとく写真やデザインの話ばっかりしていました。それからコピーをどうするかをやっと話して恋愛ものがいい、女ならではの恋心みたいなものが合うかもねっていうことは決めたのですけど、さて書けない。どうしようかと思って、10歳くらい年下のコピーライターの男の子に「ちょっと恋愛話を聞かせてくれませんか?」と。

五明　取材ですか。

尾形　そう。深夜の会社で聞いたんです。そうしたら、高校生の時に京都のどこどこの神社で女の子から手紙をもらってうんたらこうたらで、その内容はあーでこーで、その後、その女の子とどこかで再会したりしなかったり……っていう話をしてくれて。私は翌朝プレゼンがあって、得意先にコピーを持っていかないといけないのにまだ書けてなくて、自分から聞いたことを棚に上げて、話、長いな、と。しかもよくそんな覚えているな、と。多分その女の子はすっかり忘れていると思うよって、聞きながらそんなことを考えていました。

五明　やめてください、そんな（笑）。

尾形　でも、これがヒントになって、あのコピーができたんです。後日、その後輩に、「お陰さまでコピー書けました。ありがとうございました」って言ったら、「なんで、あの僕の話から、このコピーになったんですか！」って、すごくビックリされました（笑）。

五明　本人には言ったんですか？　きっと、その女の子はもう忘れているよって。

尾形　そのときは言ってないです。コピーでは書いていますが（笑）。

LUMINE ／運命を狂わすほどの恋を、女は忘れられる。

【肝に銘じます】

・いちいち言語化して考えることが、いいコピーを書く訓練になる

・3人いたら3人とも共感するのではなくて、3人のうち1人が強く共感するのを狙う

女心がわからない
からこそ、
女性に響くコピー
が書ける

広告は基本的に余計なお世話

五明　今日は女性に響くコピーの書き方をお聞きしたいとも思っていたんですが、コピーを書く上で女性の心をつかむために何か意識されていることって、ありますか？

尾形　そうですね。**女だから、男だからっていうことで決められないことはたくさんあります**よね。さっきのコピーライターの後輩の話でも、女だったら皆、昔の恋を忘れているっていうわけじゃないし、性差が理由にならないことはいろいろあるわけです。運命を狂わすほどの恋をあっさり忘れた子だって、年齢を重ねれば昔を思い出すかもしれない。結局は、決めつけないっていうことだと思います。ルミネのコピーはわりと主張があるし、他に私が担当している資生堂の仕事でも、女性のターゲットに向けて、強いメッセージを書くことはあります。だからこそ「女って、こうだよね」ではなくて、「こういうところはございませんでしょうか？」みたいな、それぐらい探りながら書いています。「そうじゃない」人がいることも知っているし、「そういう時もあるけど、今はそういう気分じゃない」という可能性は常にあるので。

五明　押し付けない感じですか？

尾形　そうですね。一定の謙虚さというか、手前勝手にならないようにというか、そこはすごく気をつけていますね。それは女性向けだからというよりは広告として、ですけど。広告を目にする人にどこまで踏みこんでいいのか。

五明　すべての広告でそうしているんですか？

尾形　**広告って、言ってしまえば余計なお世話じゃないですか。**「キレイになろう」とか「おしゃれしよう」とか、何で企業にそんなことを言われるのかって。感動できるものだとしても、有益なものだとしても、基本は余計なこと。だからつくる側はそのくらいのスタンスでいないとダメだなといつも思っています。

五明　なるほど。

尾形　CMを観るためにテレビをつける人はほぼいないですからね。そこで「私たちはあなたの人生の役に立ちたいんだ」って、いきなり言われても……。広告とは厳しい立場にあるものである、という意識はベースとしてありますね。

五明　押し付けがましくならないように。

尾形　「こうである」というよりも「こうではなかろうか」という可能性で私は仕事をしている感じです。

五明　そのへんのスタンスはコピーライターによるんですか？

尾形　そうですね。もうちょっとクリアに思考する人もいますし。

五明　その言い切らないという部分が、先ほどルミネの広告の話でおっしゃっていた、ジメッとした湿度みたいなものっていうことなんですね？

尾形　うーん。そうなると己に紐づくことになりますが、まあ、そうかもしれません。

五明　受け手に考える余地を持たせる、というか？

尾形　そういうことにつながっている部分も多分あると思います。芸人さんも同じだと思うんですけど、単純にテクニックってあるじゃないですか。技術として学ぶもの。それは努力で磨くけれど、仕事にはその他にも性格というか、パーソナリティみたいなものも、どうしても掛け合わさってくるんですよね。

女心が分からないからこそ考える

五明　それがその人の個性だったりしますからね。

尾形　そうですね。コピーも芸も、キャリアが長くなればなるほどアクが出てくるというか、その人それぞれの仕事の仕方が生まれてくるのかなと思います。ロボットではないから、人によって違ってきますよね。そして受け手も人間なので、みんな一緒ではないですし。そういう意味で、私は揺らぎみたいなところを、わりとつくりがちなタイプかもしれないです。

五明　そうなんですね。

尾形　あんなコピーを書いていますけど、女心とか、全く興味ないというか、分からないですから（笑）。

五明　お話ししていると、サバサバした印象を受けますね（笑）。

尾形　そうですね。女心に興味がある女なんているのかな……。

五明　女心には興味がないけれど、女の子に刺さり続けているというのもすごいですね。

尾形　それは分からないから、考えるんです。女心が分からなくて戸惑う男性と一緒ですよね。分からないから一生懸命、考える。もし完全に分かっていたら、コピーを考えるのも多分つまらないんじゃないかな、と。

炎上について

五明　炎上については、どう思われますか？　最近、よく話題になりますし、広告でもたまに炎上したりしていますけど、広告だとまったく波風立たないよりはまだ炎上した方がいい、と考えることってあるんですか？

尾形　それは炎上の種類にもよりますよね。クライアントのイメージが悪くなっちゃうのは広告として大失敗ですが。やっぱり、企業も人と同じように、その企業の持っているシズル〈※1〉というか、パーソナリティみたいなものがあるんですよ。競合他社があるなかで、他にスイッチできないところがブランドの強さで、そのすごく大切なブランドのイメージが炎上で損なわれちゃうのは良くないですよね。ルミネの広告で過去に、『似合ってるから、脱がせたくなる。』というコピーを書いたんですが、このコピーに対して「昼間から何言ってるんだ！」みたいな声も当然あったと思います。でも、「エロい」というのは、ファッションにおいてはそんなにマイナスじゃない。

五明　セクシーだったりとか、ありますよね。

尾形　特に夏のシーズンだったら、決してマイナスではないんですよね。炎上にも種類がありますが、コピーによって誰かが傷ついたということになると、ブランドにダイレクトに傷がつくので良くないなと思いますね。

五明　勉強になります。

誰がどのような背景で言うかで言葉の持つ意味が変わってくる

尾形　未婚のアラサー女子を描いたマンガ『東京タラレバ娘』は、「えぐられる〜」って言いながら共感する人がいっぱいいて、大人気でしたよね。東村アキコさんが描いたら楽しめるけど、もしも企業に同じようなことを言われたら「気分が悪い」とか、そういうこともありますよね。

五明　言う人にもよりますよね。

〈1〉英語のsizzle、肉が焼けてジュウジュウいう音から来ており、肉なら肉そのものではなくジュウジュウと焼ける音など、五感に訴えて購買意欲をそそるものをシズルないしシズル感と呼ぶ。近年では食品の演出表現だけではなく、幅広く購買意欲を刺激する要素を指すようになってきている。

尾形　メッセージは同じでも、誰が何で、それを言えるのか。えぐられるのが苦手な人は、タラレバ娘を読まなくてもいい。だけど電車に乗ったらたまたま目に入った中吊り広告で、同じノリでえぐってきたら、「待て、そこまで踏みこまれたくない」ってなると思うんです。その辺の見極めは気をつけないと怖いなと思いますけど。厳しい世の中ですよね。

五明　何でも叩こうとする世の中ですから(笑)。

優秀なMCは、優秀なコピーライターになれる

尾形　一度、東野幸治さんがMCをされている番組に審査員として出演したことがあって、その収録の時に、東野さんのあまりの優秀さにビックリしました。台本ですべてが決まっているわけではなくて、現場の空気や、わたしみたいな素人のコメントも上手くひとつの流れにしてくださって。誰のこともイヤな気持ちにさせずに、かといって、食い足りないと思わせない程度に突っこみは入れつつ、楽しませながら進行していくという、その塩梅がすばらしくて。この方は、コピーライターであっても、とてつもなく優秀だろうなと思いました。

五明　いつかお話しする機会があったら伝えておきます（笑）。

尾形　**感応力をお持ちなんですよね。世の中はどういう声なら聞きたいかをキャッチしながら、ゴールに向かっていく**というか。

五明　優秀なMCはコピーライターに向いているっていうことなんでしょうか？

尾形　そうだと思いました。

五明　番組全体のコンセプトを理解した上で、社会がどういうことを知りたいかも汲み取って、しかも演者の気持ちにも配慮する。そこがコピーと共通するんですね。

尾形　今、芸人さんが司会進行する番組が増えているのも、理由が分かる気がしますね。

分かりあえない前提でどうコミュニケーションをとるか考える

五明　ちなみに、尾形さんはコミュニケーションで何か意識されていることはありますか？広告も一種のコミュニケーションだとは思うのですが。

尾形　そうですね。今日みたいな場はすごく楽だなと思うんです。五明さんも、自分でネタを考えて、観る人の反応が良い時も悪い時もあって、恥ずかしい思いもご自身で体験されていますよね。その経験があってこそ、良い仕事ができるっていうのは広告も同じで、共通することがある気がして、すごくお話ししやすいんですよ。この感覚は分かってくれるだろう、このボールは拾ってくれるだろうという勝手な期待なんですけど、コミュニケーションが成立しやすい。でも、**基本的に広告のボールにはキャッチャーミットがない。拾うつもりがない人にも、ボールを投げないといけない。**

五明　構えてないところにですか？

尾形　はい。構えていなかったけど、その気になってもらうのが広告の仕事なので。それはつまり、分かりあえないことを前提としたコミュニケーションというか。分かり合えない前提どう分かりあえるようになるのかが広告の仕事をしていく上でいちばん大事なポイントだなと思っていて。

五明　分かりあえない前提？

尾形　極端な話ですが、分かりあえる相手なら広告はいらないんです。「季節が変わるたびにあたらしい服を買うよね」と考えている人なら、広告があろうとなかろうと関係なく服を買ってくれます。だけど「去年買ったコートがあるから、今年はいいや」と思っている人がポスターを見て、「なんかおしゃれしたくなった」となれば、その広告は機能したということですよね。

五明　なかなか難しいですよね。

尾形　だけど、しないといけないという。その気のない相手にどうやったら、キャッチしてもらえるだろうかということはすごく考えますね。

五明　にしてもミットを構えていないのはツラいですね。コイツ、全然、構えてくれないなって人もいるんですよね？

尾形　そうですね。

五明　それを考えると、お笑いはお金を払って客席に座って、皆がもう構えているっていうところでは、楽ですね。後は、僕らがボールを投げるかどうかで、上手くいけば笑うし、暴投すれば笑わないし。広告はそもそもミットを構えさせるところからってなると、ツラいですね。

尾形　今日、最初に五明さんが「ラジオ広告をつくるのと、コントのネタをつくるのと同じ感覚」とおっしゃっていましたが、その感覚はきっとすごく大切で、ネタを考えるのと同じっていうことは、ラジオを聞く人の反応を想像されながら考えているということですよね。こう考えないといけないみたいなことではなくて、**ちゃんと自分が何を面白いと思うかとか、お客さんがどうしたらキャッチしてくれるかみたいなところを、頭の中で行ったり来たりしながら考えているんだと思うんです**よね。だからたぶん最終的に狙うところは一緒ですよ。**お客さんはちょっとだけ手を伸ばしてボールを取れた方がうれしいんです。ちょっとだけ想像の上をいくっていう。**どのぐらいの範囲までだったらキャッチしてもらえるのか、その可能性を、際で探っていく面白さはありますよね。五明さん、そういうのがお好きなんだと思うんですよ。

五明　そうですね。好きですし、楽しいです。

楽しんでやっている人が残っている

五明　コピーライターとしてやっていくのに、必要なことは何でしょう？

尾形　どんなにコピーを書いても、出来ない時は苦しいし、面倒くさくなる時もありますが、それも含め、楽しめる術を知っていることでしょうか。どんな仕事でも同じかもしれませんが、楽しくやれるというのが、広告をやられていく上ではいちばんかなと思います。

五明　楽しむことって大事ですね。

尾形　はい。ボールを拾ってもらえた経験を喜びにして、球筋を考え続ける。まわりを見ていると、楽しんでやっている人が残っている気がします。「もっといい球はないか」とついつい考えてしまう、そんな人ばかりです。その楽しみ方はコピーライターになってすぐは難しいかもしれないですけど。何も書けなくて楽しかったら、ちょっと危ない人になっちゃう。だから、苦しい時期はあるかもしれないですが、楽しさが残るといいですね。

五明　自分が面白いと思う感覚をちゃんと大事にしてその上で広告の仕事をしていけばいいんですね。

尾形　そうですね。フラれても、「これなら、どうだ！」って、工夫し続けられる感じ。広告はアウトプットに制約も多いですが、球筋を考えている瞬間は、ものすごく自由だなって思います。

五明　ネタ考えるのはしんどい時もありますけど、基本、やっている時は苦じゃないですね。

尾形　「こうだったら笑ってくれるかも」とか、「こっちの角度にしたら、ビミョーかも」とか、もうダメって思わなければ、可能性にキリがないというか。

五明　だから、〆切をつくってほしいと思うんですよね。〆切がないと、ずっと考えちゃうんです。で、考えすぎると面白くなくなっちゃったりする。

尾形　そうですよね。自分で訳が分からなくなっちゃったりして。

五明　だから、〆切間際にやって送信ボタンを押して「ああスッキリした」と。で、パソコンをパタッと閉じて、飲みに行くっていう。

尾形　私、わりと近いです（笑）。どうでしたか？　コピーを書いてみて。

五明　ラジオCMを考えるのはすごくネタに似ていたんで、一応、CMにはなったんですけど、本書で対談させていただいた皆さんから課題をもらっていて、谷山さんからいただいたコピーの課題が……。

尾形　めちゃくちゃ難しいですよね。

五明　脳の使い方が全然、違うんですよね。コントづくりとは全く勝手が違って。コピーとはこういうものというイメージがあって、無意識のうちに、すごく良いことを言おうとしている自分がいるんです。カッコつけようとしているんですよね。

尾形　それ、TCC年鑑、見ない方がいいタイプですよ（笑）。

五明　僕、尾形さんタイプでしたか（笑）。

尾形　そう。カッコいいものを書こうとしちゃって、そこにある意味よりも、雰囲気にやられちゃうタイプ！

五明　まだ、2016年の分しか見ていないので、大丈夫です（笑）。

【肝に銘じます】

・受け手側はちょっとだけ手を伸ばして取れたほうが嬉しい。
だから、受け手の想像の少し上を狙う

・女心が分からないから、考える。
すべてわかったら面白くない

尾形さんからの

課題

コンドームの使用率を上げる

キャッチコピーを

30本書いてください

コンドームの使用率が上がるキャッチコピー

作：五明拓弥

・生イキな男は嫌われる。
・子供1人を育てる費用、約3千万円。
・ゴム着けるの20秒、コドモは育てるの20年。
・「両親が喜ぶね！ 君、パパになるんだ」
・彼へプレゼント、きっと身に着けてくれるはず。
・つけてくれないなら、君がつけてあげたらいいよ。
・「つけてあげる」。男がつける魔法の言葉。
・性病になった、好きなひと疑うの辛かった。
・嫁、その娘でいいの？
・旦那、そいつでいいの？
・つけるのはセックス、つけないのは子作り。
・「今日は安全日なの」、その言葉を信じて友はパパになった。
・装着に戸惑って、遊んでないアピールのアイテムに。
・女とムスコを守るのが、男の義務。
・ムスコに着せた、我慢強くなった。
・ムスコに着せた、女の子から評判がいい。

・ムスコに着せた、病気から守った。

・「わたしは、つけてくれたほうが感じます」（28歳・アナウンサー）

・「一生懸命、つけてる姿にキュンとします☆」（20歳・アイドル）

・「つぎ会える確率、つけないと下がるね。俺の経験上」（25歳・ホスト）

・男はかわいそう、つけた気持ちよさを知らないんだから。

・俺の名はオカモト。何億で攻めてこようが、絶対ここを通さねぇ。

・俺の名はサガミ。俺を信じてお前の全てをぶちまけろ！

・つけてはずして、1度のTENGAで2度おいしい。

・つければそのぶん、大きく見せれます。

・『〇〇ドームは嫌い』

東京を入れたあなた、アンチ巨人ですか？

コンを入れたあなた、責任とれるんですか？

・しっくりくるTシャツは気持ちいい、気持ちいいサイズを探そう。

・災害時、水筒として使えるの知ってました？

・つけたらダンディ、つけなきゃビッグダディ、どっちがいい？

・不倫は絶対、ひにんしよう。

コンドームの使用率が上がるキャッチコピー

赤字添削：尾形真理子

・生イキな男は嫌われる。

・子供1人を育てる費用、約3千万円。

↓心とお財布の準備はできてますか？ぐらいの迫力が欲しいです

・ゴム着けるの20秒、コドモは育てるの20年。

↓説得力がある数字

・「両親が喜ぶね！君、パパになるんだ」

・彼へプレゼント、きっと身に着けてくれるはず。

の切り口で、もっと考えられるはず…

・つけてくれないなら、君がつけてあげたらいいよ。

・「つけてあげる」。男がつける魔法の言葉。

↓ちょっと恩着せ過ぎな感じが…

・性病になった、好きなひと疑うの辛かった。

↓使用しないリスクがエモーショナルにお見事!!

・嫁、その娘でいいの？

・旦那、そいつでいいの？

望まない妊娠を避けるアプローチとして本当にネガティブがいいかどうか？

・つけるのはセックス、つけないのは子作り。

↓子作りと言い切る強さがいいですね

・「今日は安全日なの」、その言葉を信じて友はパパになった。

・装着に戸惑って、遊んでないアピールのアイテムに。

↓使用する動機として、アリかどうか？

・女とムスコを守るのが、男の義務。

・ムスコに着せた、我慢強くなった。

↓コンドームの機能として、みんなが知っていることを言うだけでは弱い…

・ムスコに着せた、女の子から評判がいい。

・ムスコに着せた、病気から守った。

・「わたしは、つけてくれたほうが感じます」（28歳・アナウンサー）

・「一生懸命、つけてる姿にキュンとします☆」（20歳・アイドル）

・「つぎ会える確率、つけないと下がるね。俺の経験上」（25歳・ホスト）

・男はかわいそう、つけた気持ちよさを知らないんだから。

↓リアリティがあるかどうか

・俺の名はオカモト。何億で攻めてこようが、絶対ここを通さねぇ。

・俺の名はサガミ。俺を信じてお前の全てをぶちまけろ！

・つけてはずして、1度のTENGAで2度おいしい。

↓コメントしづらいです

・つければそのぶん、大きく見せれます。

・『〇〇ドームは嫌い』
東京を入れたあなた、アンチ巨人ですか？
コンを入れたあなた、責任とれるんですか？

対比があざやかでない気がします

・しっくりくるTシャツは気持ちいい、気持ちいいサイズを探そう。

↓サイズ感という切り口に着目は良いのでは

・災害時、水筒として使えるの知ってました？

↓あたらしい機能を発見しようとしている…けど、それで買うか？？

・つけたらダンディ、つけなきゃビッグダディ、どっちがいい？

↓どっちがいい？はなくてもわかるかもですね

・不倫は絶対、ひにんしよう。

（に）ぐらいに言い切る方が切れ味が良くなります

講　評

コンドームは、予期せぬ妊娠や性感染症をふせぐ。これは性教育を受けたほとんどの男女が知っている情報です。もっというと「避妊の必要があるSEXなら、コンドームを使用した方がいい」ということも、周知と捉えていいでしょう。それでも使わない人がいる。いつもは使うけど、たまに使わないという人もいる。そんな「わかっちゃいるけど」が今回のターゲットであり、五明さんのコピーでどう心変わりしてくれるのか。

機能がはっきりしている商品なぶん、あたらしい機能をコピーにするのは、苦労されたと思います。本質からズラしたところで、笑わせたり、ドキッとさせたりもできますが、その先にリアルな使用に繋がるかというと、それはそれで難しい……。だとすると、みんな「わかっちゃいること」を、「この切り口で言われたら、使わざるを得ない」を考えるのが良いのかもしれません。

五明さんの30本の中で「性病になった、好きなひと疑うの辛かった。」というコピーは、多くの人に刺さるのではないかと思いました。愛する人を疑わないといけない状況は、不幸である。それは誰もが持っている共通認識だからです。性病であれば、なおのこと言いづらい。「性病を防ぎます」というよりも、よっぽどリアリティーがある。自分事化させるチカラのあるコピーだと思いました。

何を狙うかを明確にすることで、目的意識を持って書けるようになります。自分が、あの人が、そのコピーで本当に心変わりするかどうか。書いて、疑う、の反復を、これからもぜひ楽しんでください！

クリエイティブディレクター

福部明浩さんに聞く

世の中に広がりやすい言葉はどのようにつくるのか？

福部明浩《ふくべあきひろ》 1998年に博報堂に入社。コピーライターを経て、クリエイティブディレクターに。2013年に独立し、株式会社catchを設立。主な仕事に、カロリーメイト「とどけ、熱量。」「見せてやれ、底力。」「それは、小さな栄養士。」、ビタミン炭酸MATCH「青春がないのも、青春だ。」、グルメな卵きよら「きよらのお布団をかけてください。」、クラシエHIMAWARI「青いヒマワリ」、EDWINジャージーズ、ゾエティス「血ぃ吸うたろか～」「かい～の」など。TCC賞、ACC賞、クリエイターオブザイヤーなど受賞多数。絵本屋さん大賞を受賞した『いちにちおもちゃ』(PHP研究所)を始め、絵本の著作も多い。

【福部さん、勉強させていただきました】

お喋りが上手で、聞き上手。よく笑ってくれて、僕やスタッフさん全員にスターバックスコーヒーの飲んだことのない甘い飲み物を差し入れしてくれる気配り。整った顔立ち。京大卒の高学歴。全て持ち合わせているスーパーニンゲン、それが福部明浩さんだ。

対談中によく笑ってくれるので気持ちよくなり「今日は福部さんへのインタビュー……」と心ではわかっているのに僕は話が止まらず、同席した出版関係者やインタビュアの顔が曇っていたのがとても印象的だった。

喋りたい気持ちを抑え、福部さんからいろいろとお話を聞くことができた。

・福部さん流CMのつくり方「アイディアは数独を解くように」
・拡散されやすいCMやコピーのつくり方。ポイントは「再現性」
・広告に向いている人は「普通の人の気持ちがわかること」だが、ちょっとした「変態性」も必要その他に、企画が行き詰った時の対処法についても興味深かった。僕もネタを考える時、ペンが止まることがよくあったが、福部さんの対処法を意外にも試したことがなかった。その対処法は『一回うんこを出せ』。

また、対談の終盤では、芸人である僕が広告の仕事をしていくには今後どうしたらいいのか、指南していただいた。新人賞を受賞したものの、どうしたらいいかわからず漠然としていたが、福部さんの一言で一筋の光が見えた。僕には「芸人」をいう武器があった。「バックボーンを活かして仕事せよ」の章は異業種異業界から広告業界を志す人にはとても参考になる話だと思う。自分にあって、他人にないモノ。それが自分の武器になるはずなのに、意外と自分では気づかない。誰にでも何かしらの武器は必ずあるはず。

そして、課題企画での福部さんからのダメ出し。この企画の中でいちばんこたえた。自分で言うのも変だけれど、こんなにダメ出しをされているCM原稿を読める機会はなかなかないと思う。

1

アイディア
は
数独を解くように

数独を解くようにCMをつくる

五明　docomoの25周年のCM〈※1〉を拝見しました。あれは泣きますね。

福部　本当ですか。ありがとうございます。

五明　コラボしているミスチルの曲は中学、高校の時によく聞いていたので、余計にグッときました。いきなり、すごくシンプルな質問ですけど、CMって、どうやって考えられているんですか？

福部　数独って、やったことあります？

五明　いや、ないです。

福部　縦3マス横3マスのブロックが9個あって、そのなかに1〜9までの数を重ならないように入れていくっていうパズルなんですけど、僕のなかではそれに近いですね。

五明　数独に近い？

福部　docomoの25周年のCMで言うと、最初にdocomo側が「25周年の記念にMr.Childrenで何かやりたい」と言っていて、それが一つ軸としてあったんですね。次にあんまり

「docomoは良かったね」「ミスチルの曲は良かったね」と過去を振り返るだけだと嫌だから、未来に向かうイメージが与えられる方がいいなという軸があって。そして、docomoが「いつか、あたりまえになることを」っていうタグライン〈※2〉をずっと使っていたから、それが3つ目の軸としてあった。

五明　まずは3つの軸があったんですね。

福部　うん。そこから「子どもにとって親は当たり前にいる存在だけど、昔はそうじゃなかったよな」と考えて、「今17歳の女の子がいて、その女の子のお父さんとお母さんが出会ったのが17歳」という設定がパッと浮かんだ。そうすると、２０００年にお父さんとお母さんが25歳の時に子どもを産んだら、ＣＭが放送される２０１７年には子どもが17歳になっている……というのを逆算して考えていってあのＣＭができているわけ。だから、過去を振り返るけど、子どもにしたら未来があるじゃない？　今の自分の年齢でお父さんとお母さんが出会って、その後結婚して自分を生んだっていうのは。そして、子どもが当たり前に思っているお父さん、お母さんが実はdocomoの携帯やミスチルの歌

〈1〉ＮＴＴドコモが、25周年を迎えるMr.ChildrenとタイアップしたＣＭ。高橋一生と黒木華が夫婦役で出演し、「最高すぎる」「感動した」と多くの反響が寄せられた。
〈2〉企業やブランドが持つ価値を、顧客目線で端的に表現したもの。ロゴマークに添えられたり、ＣＭの最後に流れたりする。

五明　でつながっていたとしたら、ストーリーとして成立するなっていう。

福部　なるほど。今、数独を調べたんですけど、見るだけでめまいが……。

五明　本当は、こういう数独を解く感じでやりたいわけ。「ハマった！」っていう。

福部　じゃ、もう数式みたいな感じで。「イコールこれだ」バン！　みたいな感じですか？

五明　何か、クロスするところがあるんですよね。「これしかない」って軸に上手くはまっていく心地よさがあって。

福部　福部さんのCMのつくり方、理数系って感じがしますね。

五明　ただ、CMの場合、半分は「それ何なの？」という要素が降ってくるから。例えば、「今、会長は石原さとみが好き」とか。

福部　数独のマスには石原さとみは入ってこないですもんね。

五明　そうそう。完璧に「ハマった」と思っていたのに……っていう。

ムチャブリが化学変化を起こすこともある

五明　ムチャブリですね。

福部　**でもそのムチャブリが意外に良かったりすることもありますけどね。**普通に考えていては生まれない「収まりきらない何か」になる可能性があって。

五明　「何なの？」ということが、意外と化学反応を起こすということですと。

福部　そう。だからムチャブリがきた時に「分かった分かった。1回はめたけど崩そう」っていう気持ちになる。

五明　一生懸命はめたのに崩すの、嫌じゃないですか？

福部　昔は嫌な時期もあったんですよ。CMはタレント側からの注文も多くて。ラーメンのCMなのに麺は1本しか食べたくないっていう女優さんもいましたよ。

五明　麺1本‼

福部　オンエア見たら、確かに1本しか食っていない（笑）。

五明　そんなことあるんですね（笑）。

福部　共演者がいたら嫌だとかね。でも、そういうのは日常茶飯事だから。「何なの！」って思うことはあるけど、一方で、「だったら、もっと変にしてやる！」ってことも思っていて。

五明　「こっちに振り切ってやろう」と。でも、それはちょっとビックリしますね。麺1本。それも製作側で背負わないといけないんですか？　麺1本で、どうするかを考えるというのは。

福部　うん。昔はその度に「バカか」と呆れかえっていましたけど、今はもっと根深い問題だと考えるようになりました。タレントは自分が商品だから、CMに出ることをイメージの切り売りだと思っているところがあるんですよ。そうすると、1本しか食べたくないっていうことは「彼女はラーメンを食べるキャラではないんだな、じゃあ、ラーメンを食べなくてもいい設定にしちゃえばいいな」と今は、思える。それで良くなれば、タレントさんも喜ぶし、そのタレントが所属している事務所ともその後も上手くやれるし。タレントにはファンがいて、タレントが嫌がることは多分、ファンも嫌がる。**タレントが嫌って言うことは、その奥にもっと大きなネガティブ要因があるんだろうなと考えるんです。**だから、タレントが嫌ということはさせない方がよくて、魅力が増すようなことをやってもらった方がいい。イメージの切り売りではなくて、CMに出て得をしたと思ってもらえるようにしたいなと僕は思っています。

五明　皆がプラスになりますもんね。

福部　そうそう。それができた時は最高に楽しい。

五明　そうですね。

福部　だから、「1本しか食べたくない」っていうのはギリギリのラインなんですよ。

五明　極論、やりたくないってことですよね。

福部　そういうこと。さすがにCMに出ていて食べないというのはアレだから譲歩して、1本。

五明　そう言われたら、不思議な人だなと思うのではなくて、背後に何かあるんだなと考える。皆がハッピーになる方法が、ゾーンとしてあるんですよね。

数独で言えば、こっちのブロックが厳しそうだから、こっちのブロックでやってみようかなというようなことですか？

福部　そうです、そうです。

五明　ハッピーブロックで答えを見つけるんですね。

煮詰まったら、つまらなくても形にしてみる

五明　福部さんはCMをつくっていて煮詰まることって、ありますか？

福部　ありますよ、しょっちゅう。

五明　そういう時は何をするんですか？

福部　えーとね、**つまらなくてもいいから、とにかく1回、形にする。**一応、1回つくってみ

る。1個できたら、もう少し粘って、つまらなくていいから、3個くらいつくる。そうすると、何となく気が楽になるというか。**何もないまま悩むのがいちばん深みにはまるから。**

五明　つまらないと思いながらつくるのは、辛くないですか？

福部　うん。だけど、その過程で次にいいものが生まれてくるという経験があるから。形にしてみることが大事なの。そうしたら、どこがつまらないかも分かるじゃない？　そうすると、全然違うけど、「こういうのはどうかな」というのが生まれてきやすい。

五明　形にすることで、この部分を広げていけるんじゃないかみたいな発想も出てくると。

福部　そうです。五明さんがコントをつくる場合はもっと情熱的な感じかもしれないですけど、もし煮詰まったら、一度、形にしてみる作戦はオススメです。つまらなくてもいいからつくってみると、何かあるかもしれないですし。

五明　確かに。今までにやったことがないですけど。

福部　1回やってみて、「うわ、マジつまらないわ」となったら、そこから何か始まるかもしれない。

五明　「マジつまんない」という状況がコントになるかもしれないですもんね。煮詰まっている時の「どうしよう、どうしよう」っていうのは辛いですもんね。

福部　そう、だから1回、うんこ出す。

五明　1回うんこ出す！（笑）。

福部　それは案外、何かの役に立つ。「つまらなくてもいいから」って思いながらも、というのが大事で、そう思いながらつくると、出来上がったものは、やっぱりつまらないじゃないですか。でも、その**出来上がったものを見ると「何か足りないな」の「何か」が明快になる。**漠然と「何か、ないな」というよりは、「この案はこういうところがつまらないから、ここを全然違う、こういうのにしてみよう」とか。僕は最近、そうやっています。

五明　数独ですね。まずはマスを埋めてみる。

福部　そう。数独で言えば、ここところで見ると上手くいっているけれど、ここの条件が上手くハマってない。でも、とりあえず「5」って書いてみる。書いてみたら、「あ、こっちが違う、こっちも違う、じゃあ、ここにしよう」みたいな。

五明　煮詰まっているっていうのは、書かないで、ずっと悩んでいる状態ですもんね。

福部　それは、つくる精神からどんどん遠くなる。「もうギブ……」ってなってしまう。

五明　そうですね。

【肝に銘じます】

煮詰まっても一度形にする。そうすれば何が足りないかが見えてくる

2
拡散される言葉は再現性がある

拡散してもらうための言葉の使い方

五明　CMをつくる上で、何か自分で決めているルールはありますか？　例えば、芸人のコントとかだと、「芸能人の名前は使わない」みたいなマイルールが人によってあるんですけど、福部さんがCMやコピーをつくる上で意識していることというか。

福部　コピーとか言葉で言うと、**再現性があるかどうかは気にしているんですよ。**もう一度、自分がその言葉を「Twitter に書けるかなって。長くなると書けないじゃないですか。覚えていられないから。だから、キーワードはなるべく短く、CMを見た人が「あれは良かった」とシェアする時に、書きやすいようにしていますね。僕はそれを「再現性」って呼んでいる。なるべく多くの人に広めてもらいたいから。

五明　再現性をもたせるには、できるだけ短くした方がいいんですか？

福部　そうですね。もっと言うと、**文章よりも名前の方が再現性は高いと思います。**

五明　商品名っていうことですか？

福部　商品名というか、例えば、どん兵衛のCMで「どんぎつね」っていうのが出てくるんだけど、あれは「どんぎつね」が僕のなかでは再現性の高いコピー。人って、名前は覚えやすいんですよね。

五明　確かに書きやすいですね。「#どんぎつね　#かわいい」とか。

福部　そうそう、そこを気にしている。

五明　「どんぎつね」みたいな短い言葉を入れることによって、CMが面白くなくなるというケースもあり得ますよね。そういう場合はどっちを優先するんですか？　面白さと言葉の再現性と。

福部　それは面白い方を優先するかな。だけど、入れても面白くなるようにがんばるよね。

五明　なるほど。

福部　やっぱり名前とか愛称とかは強い。**文章は、「文章」という時点で、既に再現性が低いんですよ**。単語の方が再現性は高いよね。Twitterのトレンド検索でも上位になっているものって、文章は少ないと思うんです。

五明　そうですね。

福部　やっぱり、名前が言葉のジャンルのなかではいちばんだと思う。ＢＯＳＳの「宇宙人ジョーンズ」もそうですよね。

五明　結局、ＣＭを見た人に名前を言わせて覚えてもらいたい、ってことなんですかね？

福部　そうですね。いちばん最初に目に入るコピーがキャッチコピーだとすると、今の時代はYouTubeのタイトルがキャッチコピーなんですよ。あのタイトルの字を見て、みんなムービーを再生するから。30秒後に入っているタグラインよりも絶対に先に見るのはタイトルでしょ？

五明　はい。

福部　だから、そこがいちばん重要かもっていう。

タレントは本名より芸名の方がいい？

五明　そうか。ちょっと話が戻りますけど、名前の再現性が高いということは、芸人の場合は、絶対にキャッチーな芸名の方がいいですよね。ペナルティのワッキーさんとか、野性爆弾のくっきーさん、ロッシーさんとか。言いやすいですもんね。

福部　そうですね。上手くいっているケースと、いってないケースがあると思うんですけど、芸名は変えない方がいいと思います。タレントさんが芸名を変えるのを見る度に、僕は心が傷むんです。「この人、悩んでるわ」って。

五明　僕、今、本名でやっているんですけど、17年目で芸名に変えたら、悩んでますよね？

福部　悩んでる！（笑）

五明　遅かった（笑）。

福部　それこそ「グランジ五明」っていうのも、ある種のキャッチコピーだと思いますよ。

五明　いやあ、「五明」も何と読むのか分からない人が多くて。「ごみょうさん？」「いや、ごめいです」とか、多いんです。それでネタにはなりますけど、入ってはこないですもんね。しっかり、芸名をつけようかなぁ。

福部　人に名前っていうのはいちばん原始的だけど、アメトークの「〇〇芸人」も名前だと思うんですよ。人名だけじゃなくて、愛称をつけるとか、ある現象に名前をつけるとか。「じゃない方芸人」も、まさにそれですよね。

五明　確かに。そうですね。

【肝に銘じます】

SNSで拡散されやすいように再現性を意識する

ネガティブな反応をどのくらい気にすべきか問題

反応がない時の方が困る

五明　自分のCMが初めて流れる時って、Twitterでの反応は気になりますか？

福部　すごく気にしますね。広告って、Twitterが世に出てくるまではもっとライブ感のないものだったんですけど、今はCMを流した瞬間につぶやかれるので。お笑いは劇場で客席の反応が見えるじゃないですか。ユーチューバーもネット上でそれが見られると思うんですよ。広告も今はすぐに分かります。昔は、オンエアから1週間後ぐらいに「見たよ、あれ」っていう感じの反応でしたけれど、Twitterで変わった。**Twitterの反応はいちばん勉強になる。**「ああ、これをこういうふうに見るのか」とか。ざっくり世の中のトレンドを知るのも勉強にはなるけど、自分が発したものに対するリアクションがいちばん勉強になります。

五明　見たくないツイートとか、ないんですか？　ネガティブな反応とか。

福部　あるけど、「ああ、こういうふうなネガが発生するのだな」というふうに見ていますね。

五明　ダメージは受けないですか？

福部　受ける受ける。受けるけれど、見ちゃう。見ちゃうし、**見なきゃダメだと思っているから。ネガティブなツイートって痛いところ、突いていることが多いのよ。**「やっぱり、そうよね」と思って。だから、どんなことを書かれていても見ますよ。むしろ、**いちばん困るのは反応がない時。**

五明　確かに、反応がないのはいちばん困りますね。やったことがゼロってことですもんね。まだ、悪口を言ってくれた方が……。

福部　ネガティブな反応があった方が、まだマシっていうふうに自分を慰めている。

五明　そうですよね。僕も東京ガスさんのクリスマス限定のラジオCMをやらせていただいた時も、気になって調べちゃいましたもん。「東京ガス　クリスマス」で検索して、つぶやきがあると、普段はしないんですけど、うれしくてリツイートとかしちゃったりして。

福部　本当に、そんな気持ちですよね。

五明　はい。

福部　だから、最近はもう、そういったSNSでの反応を確認するところまで含めて広告制作という感じですね。こんなふうに思うんだったら、今、世の中はこんな感じの空気なんだな、というところをチェックするまでが。自分が投げた石じゃないと、何となくの空気が分からないというか。「あそこで、ああいうふうに炎上するんだ」というのを見ているよりも、自分がやったことに対して、「あれ？　何かネガティブなこと書かれている」という方が、より深く自分に吸収されるじゃない？

五明　確かに。覚えていますもん。

注目が集まるのは評価が分かれる時

福部　今、「Twitterで自分のCMに対する反応を見ていて感じるのは、無理やり誰かに嫌なことをさせるということに対して、世の中が非常に敏感になっていますよね。そういうことがスゴく嫌という人が多いし、「嫌だと思う人がいるじゃない？　私は平気だけど」みたいな人も結構いる。

五明　今は、そういう声がダイレクトに来ますもんね。

福部　そう。だから、別に、寝た子を起こさなくていいなという気持ちもある。でも、難しいところで、注目が集まるのは評価が分かれている時なんです。世の中の評価が51対49の時にいちばん注目が集まる。もっと言えば、50対50の時がいちばん注目をあびるかもしれない。

五明　見ている方も「自分はこっちだと思う」って言いたくなりますもんね。

福部　でも、ＣＭの場合、半々は狙えなくて、７：３＝賛成：反対ぐらい。世間の７割の評価がよくても、３割の反対で不安になる宣伝部の人はいますから。７割が少しでも評価を変えちゃうと軍配が急に変わる可能性もあるので、10：０＝良い：悪いを目指すんですよ。そうすれば会議の場では誰も文句を言わない。でも、そういうものは逆にみんながつまらないというか、全員がスルーしちゃって、誰にも引っ掛からないですけどね。

五明　10人いたら何人かは反対するようなアイディアの方がいいってことですか？

福部　そうですね。**作り手としては何か、ちょっと恥ずかしいとか、見られたくないとかいうものの方がはねる**気はしています。

子どもはかわいいだけのものには反応しない

五明　福部さんのＣＭで、きようらの卵のＣＭがありますよね？　皿の上にオムライスの猫が寝ていて「卵のお布団を掛けてください」って、すごくカワイイＣＭですけど、最後にブラックがあるじゃないですか。ご飯でできた猫がスプーンで体を刺されて「あっ」っていうシーン。あのシーンは満場一致で決まったんですか？　やっぱり、「いやー、それは」っていうような意見もあったりしたんですか？

福部　あれはクライアントが一人しかいなかったので、その人と話ができればという感じでしたね。でも、あのシーンは最初から入れようと思っていました。一度、子どもが生まれた時に絵本をつくる機会があって、その時に、**編集者から「子どもはかわいいだけのものには全然、反応しない」って言われたんです。**それをずっと覚えていて、このCMをつくった時も、「結局、卵のお布団を掛けてもらっても、最終的にこの子は食べられるよな」というのがあったので、猫が体を刺されるシーンを入れようと思っていました。大人はあのシーンは外してもいいと思うかもしれないですけど、子どもはやっぱりあのシーンが好きですね。

クレームが入ったことをどう捉えるか

福部　あのシーンがあることによって、クレームも来るんですよ。でも、それくらいは入れておいた方がいいなというのがある。

五明　クレームが来るんですか!?　あれが面白いのに。

福部　来ますよ。「せっかくかわいいCMなのに、あんな残酷なシーンはない方がいいと思います。御社の卵を応援しています」みたいな、ややこしいのが。

五明　えええ！

福部　いや、でもね、世の中はそういうことで出来ているんですよ。

五明　……（笑）。そうですね。

福部　何でも自分ごと化して異常に反応してしまう社会だから。自分の旦那をとられたわけでもないのに、タレントの浮気に対して怒るでしょう。

五明　うーん。あれは怒りすぎかもしれませんね。

福部　だけど、自分は怒ってなくても「あ、これは誰かが怒りそう」と多くの人が思っちゃうんですよ。それが既に悪いのかもしれないとは思っているけど。「私はいいけど、誰か傷つく人がいるんじゃないかな」みたいな人が9割9分いて、実際に傷つく人は本当に少ない。

五明　でも、「いると思うよ」っていうのも嫌な気持ちなんですもんね。

福部　そうですね。そういうのは自分も見たくないということなんだと思いますけど。

五明　そこは広告を作る上では避けたいですもんね。

福部　うん。そうですね。

五明　でも、難しい。変なことを言うようですけど、そのクレームを言う人は実際、嫌な気持ちなのかもしれないですけど、俺は、その人が変だと思いこむしかないような気もします……。ちょっと、その考え方が分からない。

福部　もちろん、クレームを避けるために、かわいいだけのCMにすることはしないけど、ゴキブリを1匹みたら30匹いると思え、じゃないけど、1人クレームを言う人がいたら、ちょっとでも嫌だと思っている人が10万人はいるんじゃないかと思っている。

五明　本当ですか。いやだって、あのシーンにクレームって。面白いじゃないですか。

福部　そうね。でも、**ネガティブはネガティブとして受け止めます**。子どもの絵本を書いていてもそうなんだけど。僕の絵本はトラウマ絵本って言われていて、主人公はロクなことにならないわけ。でも、子どもは喜ぶ。やっぱり、子どもは基本的に残酷ですよ。ただ、絵本が難しいのは、1冊1200円ぐらいで、子どものものにしては高い。だから、お母さんが買いたいかというのもわりと重要で、残酷なだけでもいけないから、その割合はよく考えます。絵本なので、大人にウケようとは全く思ってないですけど、お母さんのことも意識はする。**広告も全員にウケようとはしないですけど、あまり好まない人もいるということも意識しながら、全員からスルーされないような割合になるといいですね。**

【肝に銘じます】

- 注目が集まるのは世の中の評価が半々に分かれた時
- ネガティブなことを受け入れて、嫌な気持ちになる人もいることを意識してつくる

4

バックボーンを活かして仕事をせよ

まず、自分のバックボーンを活かして名刺代わりになるCMをつくる

五明　これから広告の仕事も一生懸命やっていきたいんですが、何から始めたらいいですか？

福部　まずは一個、名刺代わりになるようなCMをつくるのがいちばんいいような気がする。いい広告をつくると、それが自分の広告もしてくれるのがいいところだから。

五明　名刺代わりのCMって、どんなCMですか？

福部　そもそも、芸人出身で広告をつくろうとする人がいないから、絶対、自分にしかないものになると思うんですけど、僕らがいつも芸能界のなかにいる人がうらやましいなと思うのは、まだ世の中にオープンになってない、いろんな芸能人の面白さを知っていることなんですよね。吉本の中にいて、そこを知っている強みを上手く活かせたらいいですよね。たとえば、あの芸人は家電に詳しいと知っていたら、家電業界の広告を総ざらいできていた可能性がありますよね。誰かが何かをすごい好きとか、知られていないけど、こういう側面があるとか、そういうことをテレビで出ていないところで知っているというのは相当の財産だと思います。「実は、僕ら芸人仲間では有名なんですけど、あの人

こういうところがあって……」という入りだけで、もう企業の宣伝部の人は「え、そうなんですか!?」と食いつきますよ。クライアントさえつかんでいれば、今いるコピーライターとは違う方面から攻めていけるので強いですよね。そういうバックボーンは絶対に活かした方がいいと思いますよ。**又吉さんが書かれた『火花』も、自分の猛烈に濃い経験の中から出てきている**じゃないですか。『半沢直樹』の池井戸潤さんも銀行員だった経験を作品に活かしているし。バックボーンを活かすことってすごく大事だと思う。

自分の中で当たり前になっていることが強みになる

五明　僕のバックボーンって、これまで芸人としてやってきた経験っていうことですよね？福部さんに聞くことじゃないかもしれないですけど、どう掘りおこしていけばいいんですか？（笑）

福部　でも、17年続けてきて、ネタを書いたり、芸人が売れていく様、あるいは売れずにいる様とかをずっと見ているっていうのは普通のコピーライターとは全然違うと思いますけどね。

五明　そうか！　意外と僕の中で普通になっちゃっていることがあるんですね。

福部　そう。それがいちばん。**企業でもそう。企業もすげぇ大々的に宣伝していることより、「え？　これぐらい普通ですけど」って当たり前にやっていることの方が「え？　そんなことしてるんですか！」っていうことが多いんですよ。**その人の普通が世の中の普通と違った時にいちばんインパクトがある。「そこまでやっているんですか！　500g増量より、絶対それ言った方がいいですよ」っていうことが多々ある。

五明　そうやって驚かされたことがあるんですか？

福部　やっぱりメーカーはすごいですよ。こだわりの宝庫。

五明　そうなんですね。確かに、CMを聞く方も知らないことを聞きたいですもんね。増量したのは言われなくても何となく分かるけど。「この麺にこんな手間ひまかけていたの？」みたいな感じですよね。

福部　うん。

五明　芸人にもあるのかな？　そういうのが。

福部　**普通だと思っていることの中にあると思いますけどね。**女優さんとか、若手の俳優さんとかを使ったCMをやるんじゃなくて、「あの人にこれやらせたら、絶対おもろいわ」っていう、いろんな芸人さんの素顔を知っているからこその企画ができるといいですよね。クライアントから話があった時に、「そういうことなら、アイツに」というキャスティングは、芸能界の外にいる人間には決してできないですから。

五明　それで、その芸人にもギャラが入ったら、もうハッピーですね。

福部　ちょっと前までは、ドラマのなかでも芸人さんに渋い演技をさせるっていうこともなかったじゃないですか。

五明　確かに。何か、光が見えてきました。

福部　あると思いますけどね。全然、売れてないけど、スゴくいい味出している芸人が出てるとか、五明さんが企画すると、普通は出てこない人が出てくるっていうだけで強い気がしますね。芸人遣いのナンバーワンになれるといいですよね。

五明　芸人遣いの五明ですね。

普通の人の気持ちがわかることが大事

五明　つい、自分のキャリア相談をしてしまいましたが、芸人みたいな特徴的なバックボーンがない人はどうしたらいいですか？

福部　矛盾するようだけど、**自分には何の特徴もないという人の方が、広告には向いていて。世の中にはとりたてて特徴のない人の方が多い。**普通の人たちの気持ちが分かるということだから。自分は1回もクラスの人気者になったことはないし、クラスを爆笑させたこともないという人の気持ちが分かる。

五明　そっちの方が大多数ですもんね。

福部　五明さんはクラスを爆笑させていたと思うけど、そうすると、そういう経験のない人の気持ちが分からない可能性もあるから。

五明　すいません。今、うなずいちゃいましたけど、爆笑させた経験は……(笑)。仲のいい男友達を爆笑させたことはありますけど。

福部　そうなんだ！

五明　すみません。クラスは。でも、まあ、何もない透明な人の方が広告の仕事はやりやすいということなんですね。

福部　というか、**普通の人の気持ちが分かることが大事。**後は、ちょっとした変態性は必要だと思いますけど。

変態性とは、視点が人とは違うこと

五明　ちょっとした変態性が必要？

福部　だと思います。普通の人が普通のことを言うだけだと、誰も振り向かない。

五明　変態性というのは？

福部　視点が他人とは違うということだと思いますね。世の中をその目線で見ているんだなという。

五明　人の気持ちは分かるけど、視点は違うというのが大事？

福部　そうだと思う。

五明　本書で対談させていただいた方、皆さん、ちょっと変な部分がありそうです（笑）。

福部　でも、遺伝子というのは一人ひとり違うから、全員が他の人とは違うものを持っているはずなんですけどね。

五明　確かに。でも、ちょっと変じゃなきゃ、あんなスゴい人にはなれないですよね。面白いこともできないし。そのフックがないと。

福部　それが訓練でできるところは、広告の良さだと思いますけどね。「おもしろい」と思ったことを何でそう思ったのか分解して。たとえば、「あのポスターを思わず、じっと見ちゃったけど、何でそこで目が止まったんだろう？」とか。

青春がなかったからこそ、青春が描ける

五明　ちなみに、福部さんの変態性って、自分ではどこだと思いますか？

福部　どこかな？　自分のことだから、分からないんだよな。でも、仕事に活きているのは、**僕は男子校だったから、青春らしい青春がなかったということ**かな。それは一つあると思います。

五明　『ＭＡＴＣＨ』のＣＭはそれが元になったって記事で読みました。青春らしい青春がなくて、あんなにキュンキュンする青春をつくれるんですか？

福部　憧れているから。

五明　ハハハ（笑）。

福部　いや、本当に。そこで気持ちが消化していないから。

五明　じゃあ、夢みたいなことですか？

福部　もう二度と手に入らない、10代のキラキラ……。

五明　そこを経験していないからこそ、つくれると。

福部　うんうん。

五明　青春じゃないのも青春だ、と。

福部　まさに。

五明　そこで、学生時代のチクショウという気持ちが生きてくるんですね。

福部　そうですね。自分と同じようにキラキラした青春を過ごせなかった人は100万人単位でいるから。何をやっても無駄にならないのが広告の良さだと思う。

五明　全部が財産になりますもんね。そうか、すごいなぁ。

福部　そういう意味では多分、芸人もそうだけど、何でもネタになるというのはあると思う。

五明　じゃあ、それこそ、今からコピーライターになりたい人は家の中に閉じこもっていないで、外に出て何でもいいから経験してこいと。

福部　そうですね。あとは、人に言いたくないことのなかに、自分らしさが眠っているような気がしますけどね。

五明　人に言いたくないこと？

福部　「高校時代、めっちゃモテて」って言いたいけど、「授業中ずっと手の皮を食ってるヤツしかいなかったなあ」とは言いたくない。そういう男子校、嫌じゃないですか。

五明　それは絶対に行きたくない（笑）。

福部　そういう、人には言えないことの中に意外と、自分らしさがあると思いますよ。

五明　人に言いたくないことの中に、自分らしさがある。ありがとうございます！

【肝に銘じます】

・自分が普通だと思ってる中に武器になるヒントがある

・普通の人の気持ちがわかって、視点が人とは違うことが大事

福部さんからの

課題

どん兵衛の

ラジオCMを

つくってください。

男「はい!!」

美食家「この蕎麦を作った者に礼が言いたい！ 今すぐここに呼べぇぇぇ!!」

男「確かここに電話番号が」

美食家「かせ！私が掛ける!!」

【SE】 電話かける音（プルルル）

女性「（電話加工）お電話ありがとうございます」

美食家「もしもし!!」

女性「（電話加工）日清食品お客様相談室です。ただ今、受付時間外となります。恐れ入りますが…」

【SE】ピッ（電話切る音）

（妙な間）

美食家「（恥ずかしさともどかしさと言葉にならない）…ん～」

【SE】カーン!!

ナレ「日清のどん兵衛　鴨だしそば」

CMタイトル『美 食 家』　日清　どん兵衛・鴨だしそば　ラジオ CM　60 秒

※ 美味しんぼの海原雄山のような美食家とその側近の男とのやりとり。

【M】 緊張感のある音楽　C.I

美食家「美食家の私に、おすすめの蕎麦があるだと？ 大した度胸じゃないか」

男「すみません…」

美食家「で？」

男「こちらがおすすめの、鴨だしそばです」

美食家「(心の声) ほーう。具は鴨肉に下仁田系のネギ。そして醤油ベースの透き通ったつゆ。見た目は悪くない。だが、肝心の味はどうかな？」

【M】 緊張感のある音楽　F.O

【SE】 勢いよく蕎麦をすする音

【SE】 カーン!!

美食家「(心の声) 旨い!! すすり心地のよい真っ直ぐな蕎麦だ!! 肝心のつゆの味は？」

【SE】 カーン!!

美食家「(心の声) 鴨の脂の旨みが効いた上品な甘さ!!」

美食家「おい!!!」

男「はい!!」

美食家「この蕎麦を作った者に礼が言いたい！ 今すぐここに呼べぇぇぇ!!」

男「確かここに電話番号が」

美食家「かせ！私が掛ける!!」

【SE】 電話かける音（プルルル）

女性「（電話加工）お電話ありがとうございます」

美食家「もしもし!!」

女性「（電話加工）日清食品お客様相談室です。ただ今、受付時間外となります。恐れ入りますが…」

【SE】ピッ（電話切る音）

（妙な間）

美食家「（恥ずかしさともどかしさと言葉にならない）…ん～」

【SE】カーン!!

ナレ「日清のどん兵衛　鴨だしそば」

広告は、最終的には
商品を褒めるという予定調和な
構造があるからこそ、
リアリティーとか、裏切りとか
可愛げとか、広告自体を
客観視する目線なんかが大事だと
思います。
このRCMには、
その全てが無い。
無い！

まぁ、これくらいの
ユーモア感がちょうど
広告には、いいでしょって感じで
書かれている気がしました。
辛口で、スイマセン……

CMタイトル『美 食 家』

日清　どん兵衛・鴨だしそば　ラジオCM　60秒

※ 美味しんぼの海原雄山のような美食家とその側近の男とのやりとり。

【M】 緊張感のある音楽　C.I

美食家「美食家の私に、おすすめの蕎麦があるだと? 大した度胸じゃないか」

男「すみません…」

美食家「で?」

男「こちらがおすすめの、鴨だしそばです」

美食家「(心の声) ほーう。具は鴨肉に下仁田系のネギ。そして醤油ベースの透き通ったつゆ。見た目は悪くない。だが、肝心の味はどうかな?」

【M】 緊張感のある音楽　F.O

【SE】 勢いよく蕎麦をすする音

【SE】 カーン!!

美食家「(心の声) 旨い!! すすり心地のよい真っ直ぐな蕎麦だ!! 肝心のつゆの味は?」

【SE】 カーン!!

美食家「(心の声) 鴨の脂の旨みが効いた上品な甘さ!!」

美食家「おい!!!」

正直、どこかを添削したら面白くなるという原稿ではないので、添削できません。一言で言えば、筋が悪い

だって、カップ麺食べて「礼が言いたい!」なんて言うのかな?人は。コピーを書いてもらった方が良かったと反省してます。ラジオCMは無理があった

僕の課題の出し方が悪かった。ゴメンナサイ!

父「嘘つけ!!」

母「嘘じゃないわ」

息子「おふくろ!」

【SE】蕎麦をすする音

父「ほんとだ…赤い!」

母「お腹空いてるでしょ?」

M　C.I　温もりのある音楽

母「はい!どん兵衛の分のどん兵衛、作っといたわ!」

息子「ありがと。あ、しかもこの味!」

母「今、あなたの一押しでしょ?」

息子「うん」

父「どん兵衛の一押し?」

息子「うん、鴨だしそば!」

【SE】蕎麦すする音

父「(あざとい言い方) わぁ!! 鴨の旨みが凝縮されて旨そう…やるなぁ日清!!!」

母「あざとい」

※母と息子笑う

ナレ「やります　日清」

CM タイトル『キラキラネーム』 日清 どん兵衛・鴨だしそば ラジオ

※不良の息子とその父親と母親のやりとりです。

【SE】玄関のドアを乱暴に閉める音

父「こんな夜遅くまでどこいってたんだ?」

息子「親父には関係ねぇだろ!」

父「ここに座れ! どん兵衛!!」

息子「その名前で呼ぶな!!」

父「え?」

息子「親父が「どん兵衛」なんてキラキラネーム、俺に付けなけりゃグレてなかっただろうな!」

父「いい名前だろ」

息子「ややこしいんだよ」

父「ややこしい?」

息子「ウチの苗字は?」

父「赤井」

息子「俺フルネーム、「赤井どん兵衛」だぞ?」

父「赤井どん兵衛…赤いってことは…あ、お前うどんかぁ笑」

息子「結局、親父もかよ!!!」

父「え?」

息子「みんなきつねに引っ張られて、赤はうどんて言うけどな、どん兵衛の赤は蕎麦だからな!!!!」

父「嘘つけ!!」

母「嘘じゃないわ」

息子「おふくろ!」

【SE】 蕎麦をすする音

父「ほんとだ…赤い!」

母「お腹空いてるでしょ?」

M　C.I　温もりのある音楽

母「はい!どん兵衛の分のどん兵衛、作っといたわ!」

息子「ありがと。あ、しかもこの味!」

母「今、あなたの一押しでしょ?」

息子「うん」

父「どん兵衛の一押し?」

息子「うん、鴨だしそば!」

【SE】 蕎麦すする音

父「(あざとい言い方)わぁ!! 鴨の旨みが凝縮されて旨そう…やるなぁ日清!!!」

母「あざとい」

※母と息子笑う

ナレ「やります　日清」

まぁ、つまり
このCMのアイデアのポイントが
根本的に理解できない人も
多そうです。(僕も担当して
こんなに多くの人が誤解してると初めて知りました)
広告をつくる時に、土台となる
「共通認識」というものは、
実はけっこうあやふやで
世代ごとにかなり差が
あったりします。
今は、みんながひとつのテレビを
見る時代ではないので、
それぞれの「普通」がけっこう
違う!
コピーライターの「自分」が思う「普通」と
世の中の誤差をどれくらい
正確に認識してるかが、
かなり重要な時代ですね。

CMタイトル『キラキラネーム』

日清　どん兵衛・鴨だしそば　ラジ

※不良の息子とその父親と母親のやりとりです。

【SE】玄関のドアを乱暴に閉める音

たしかに。

父「こんな夜遅くまでどこいってたんだ?」

どん兵衛と赤いきつねを

息子「親父には関係ねぇだろ!」

混同してる人は多いんです。

父「ここに座れ! どん兵衛!!」

でも、このCM聞いても

息子「その名前で呼ぶな!!」

結局、どっちがどっち

父「え?」

息子「親父が「どん兵衛」なんてキラキラネーム、俺に付けなけりゃグレてなかっただろうな!」

だったっけ??

父「いい名前だろ」

ってなりそうな気も

息子「ややこしいんだよ」

しました。

父「ややこしい?」

息子「ウチの苗字は?」

そもそも、

父「赤井」

日清のどん兵衛の

息子「俺フルネーム、「赤井どん兵衛」だぞ?」

赤いきつね。

父「赤井どん兵衛…赤いってことは…あ、お前うどんかぁ笑」

って思ってる人も

息子「結局、親父もかよ!!!」

かなりの数いて…。

父「え?」

ビックリですよね…

息子「みんなきつねに引っ張られて、赤はうどんて言うけどな、どん兵衛の赤は蕎麦だからな!!!!」

※今回の課題は『キラキラネーム』と『美食家』の2つをお渡しし、福部さんにいいと思う方だけを選んで添削してもらう予定でしたが、ご厚意で2つとも添削していただきました。ありがとうございました！

コピーライター・映画惹句師

関根忠郎さんに聞く

「全米が、泣いた」を使わずに、映画が見たくなるコピーをどのように書いているのか？

関根忠郎《せきねただお》 1937年東京生まれ。1956年に東映株式会社に入社。劇場、東京撮影所勤務を経て、1962年に本社宣伝部広告課に配属になり、本格的にコピーを書き始める。『仁義なき戦い』シリーズを始めとする数々のコピーを担当。唯一の映画惹句師として、長年活躍した。定年退職後はフリーランスとなり現在も現役で映画のコピーの制作や執筆等を手がけている。著書に山田宏一、山根貞男との共著で『惹句術 映画のこころ』(講談社/ワイズ出版)、単著で『関根忠郎の映画惹句術』(徳間書店)がある。

【関根さん、勉強させていただきました】

今回は対談させていただいたのは、広告業界の方ではなく、映画業界のすごい方。それは、映画惹句師・関根忠郎さん。

関根さんは映画の宣伝文を専門に手掛けるフリーのコピーライターで、それをコピーライターとは呼ばず、惹句師（じゃっくし）と呼ぶらしい。

対談でお会いするまで、関根さんを写真でしか見たことがなかった。どの写真も口髭をたくわえて黒いキャップを被っている。中には口髭、黒キャップ、サングラスの写真もあるので勝手に怖い人を想像していた。

対談当日、いざお会いすると、僕のような若輩者にも丁寧に挨拶をしてくれた。何より驚いたのは、事前アンケートだ。出版社から関根さんに大体の質問項目を書いたアンケートを事前に送っていたのだが、関根さんはアンケート用紙の余白がなくなるくらいびっしりと話す内容を書き込んでいた。人を見た目で判断してはよくないと反省した。

インタビューが始まると、「最初の頃、高倉健は大したことなかった」「小学校の下校時に米軍の戦闘機がビャーっとおりてきてダダダダッ！　と撃ってきた」「元極道の東映俳優、安藤昇さんが……」などと、関根さんの口からは信じられない言葉が溢れ出てくる。人は見た目通りなのかもなと思った。

関根さんとの対談では、今までの対談とはまた違った角度からのお話を聞くことができた。対談相手の中で最年長、現在80歳の関根さん。人生の大先輩が仰るその言葉に説得力がある。

「なんでも真面目にやるな。車のハンドルは15%の遊びの部分がある。少し『いい加減』な部分を持たないと駄目だ」

そして、名言。

「いい加減に点をつけなさい」

関根さんからの課題は「映画『仁義なき戦い』のコピーを5本考えろ」と本数が少なかったので安心していた。しかし、他の方々はインタビューが終わってから課題を提出していたのだが、今回は事前に課題をもらって、インタビューの最後に関根さん本人の目の前で考えてきたコピーを発表しなければならなかった。初舞台並みに緊張した。

言葉についてのお話だけでなく、今後の仕事との向き合い方まで教えていただいた貴重な対談だった。

1
人の心に刺さる言葉とは？

1年で100本以上東映だけで新作映画がつくられていた

関根　僕は東映で、映画の宣伝文、惹句《じゃっく》というんですけどね、それを長く書いてきました。

五明　関根さんは、書き始めて何年目になられるんですか？

関根　東映に入ったのが1956年です。昭和31年。

五明　今年（2017年）が61年目ってことですか？

関根　そうですね、入社してから数えると61年ですね。1997年に60歳で退職してからすぐフリーになって、今まで続けてきたので……。結構やっていますね。

五明　結構、というか、むちゃくちゃ、やっていますね。

関根　むちゃくちゃですね（笑）。

五明　初めて、コピーを書いた映画って、覚えていますか？

関根　覚えてないんです。当時は、2本だてで1週間に2本、新作映画を出していた。今では信じられないでしょ？　その時期は娯楽がそれしかなかったので、年間で100本以上は新作を出していたんです。映画量産の時代ですね。助監督さんなんか、所内を歩いているヤツなんて一人もいないっていう伝説が生まれるくらい忙しかったんです。歩いている暇なんてなかった。僕も多い時は並行して3本の面倒を見ていました。2週間で撮って公開は1週間。どんどん撮影が入ってくるんです。全部で5、6人、宣伝担当がいたんですけど、みんな常時2、3本は担当していましたね。

五明 つまり、1週間に2本以上コピーを考えるってことですか？

関根 コピーだけならいいんですけど、プレスシート〈※1〉の「物語」や「解説」も書かなくちゃいけないんです。「物語」はストーリー、「解説」はこの映画はどういうもので、誰が出てて、監督は誰で、というようなものです。本数が多いので、完成した映画は全然見られませんでした。撮影台本を見て、600字くらいのストーリーを書くんですよ。完成した映画を見てプレスシートを書いたことは一度もないんです。

〈1〉映画の配給会社がメディアに対して配布する宣伝用の資料。

忙し過ぎて家に帰れなかった

五明　途中で、台本が変わったりする場合もあるんですよね？

関根　ありますね。チャップリンの『モダン・タイムス』に出てくる労働者のようでした。ネジの工場で休む間もなく流れ作業をして狂っていってしまう話ですけど、本当にそんな感じでした。家に帰れなかったですね。ずっと撮影所で作業して、徹夜して。1本の映画を12日かそこらでつくるわけでしょ。テレビ並みですよ。みんな徹夜で。それから、ロケもある。深夜ロケにも僕はついていくわけですよ。

五明　寝る暇もないですね。

関根　ホント。みんな、仮眠をとるのが上手かったですね（笑）。

五明　コピーを書く以外のお仕事もあったんですか？

関根　俳優さんのお世話なんかもありました。例えば、高倉健が映画の撮影中、時間が空いたら、どこかの雑誌社から「グラビア撮影したい」と依頼が入るじゃないですか。そうすると、一緒に東映の社用車に乗って、六本木や赤坂のスタジオまで付き添うんですよ。

五明　マネージャー業務みたいな。

関根　「お付き」みたいなもんですね。まだ、高倉健だって売れてない頃だから特定の付き人はいないんです。

五明　高倉健さんに売れない時代があったんですか！

関根　高倉健が『電光空手打ち』っていう映画でデビューしたのが1956年なんだけど、それは全然ヒットしてなくて、スターになったのは『網走番外地』からですよ。それまで、大したことなかったんです。

五明　「大したことなかった……」って、そんなことが言えるのは関根さんだけです（笑）。

どうやって映画のコピーを書いているのか

五明　完成した映像を見ずに、台本だけでコピーを書くって、どうやるんですか？　雰囲気とかも分からないと思うんですが。

関根　映画って、他の商品と違って毎回毎回が新作でしょ。一般的な商品だったら、ブランドがあって、そのブランドのCMを手を替え品を替え、季節に合わせたり、タレントを変えたりして、その都度打っていくじゃないですか。その場合、商品そのものが変わるわけではない。映画は全部、全く違う新作なんです。だから、まず台本を読んで内容を把握し、プレスシートの「ストーリー」の部分を書きはじめる。ストーリーというのは、その映画の要約です。要約を書くには、その映画の核となる何なのかが分かっていないといけない。逆に言えば、要約を書くことで核がつかめるんです。次に、プレスシートの「解説」を書きます。解説はその映画の特色がわからないといけない。その映画の核と特色がつかめたらやっとコピーを書きはじめます。

五明　まず、解説とストーリーを書かないとコピーは書けないんですか？

関根　書けません。順序として、ストーリーを書いて、映画の特徴と売りを解説に書く。その中で絞った1行をコピーに落とし込んでいく。

五明　実際に、映画を見たら思ったのと違っていたみたいなことはなかったんですか？

関根　ヤクザ路線の場合はそんなに大きく変わらないの。ベースがヤクザ社会の話だから、大きな変化はないんですよ。

五明　全く違ったっていうことは起こらないんですね。

関根　そう。

五明　じゃあ、どんどんやって、そのうちにコツをつかんでくる感じですか？

関根　そうですね。撮影所時代から、何十本、何百本と書いてきたから、映画の本質をつかむのは早くなりますすね。その映画の本質をつかまないとコピーは書けないですから。

「今世紀最大の傑作」も「全米が泣いた」も使わない

五明　コピーを書く上で何か決めていらっしゃることってありますか？

関根　**できるだけ、大袈裟な表現や常套句を使わないようにしています。**僕のコピーにはオーバーな表現はそんなにない。宣伝だから、オーバーな表現をしたくなるけれど。「今世紀最大の傑作」なんとか、ってあるでしょ？　そんなコピーが1年に3回ぐらいあったりするのね。そうすると、今世紀最大の名作が1年の間で3本できるわけねえだろって思ってしまうわけですよ。それと、映画のコピーを書いている人がすぐ頼りたくなるのが、「愛」「涙」「絆」「感動」「青春」。これ全部、一本のコピーの中に入ってる時あるよね。

五明　で、最後が「今世紀最大の傑作」（笑）。

関根　そういう常套句を禁じているんですよ。オーバーな表現、常套句は使わない。

五明　でも、最初に「今世紀最大の傑作」という表現を使った人はすごいですよね。

関根　それはすごい。コロンブスの卵だよ。

五明　他はそれをただ真似しているだけですもんね。

関根　外国映画のコピーだと、**「全米が、泣いた。」は最初はすごいと思ったけど、何回使うんだよって。**「感動が日本上陸！」も最初はいいよ。だけど、これも何度も出てくるじゃん。

五明　すぐ泣くし、すぐ上陸しますよね（笑）。

人の心に刺さる言葉は人の心の中にある

五明　関根さんは人の心に刺さる言葉って、どんなものだと思いますか？

関根　**人の心の中にある思いを言い当てるもの。**人の思っていること、感じていることを突けば、基本的に流行るんですよ。それを言いますと、『柳生一族の陰謀』っていう映画があるんですけどね、この映画は将軍家の権力争いを描いていて、長男の家光派と次男の忠長派の兄弟争いが核なんです。深作欣二監督が好きな権力闘争のドラマ。この中で家光派についた柳生但馬守（萬屋錦之介）が権力志向の強い人間で、その人間像を惹句に表現しようと思っている時に、書いたコピーが『我《わし》につくも、敵にまわるも、心して決めい！』なんです。これ、会社勤めのサラリーマンだったら、大体共感しますよ。たとえば権力志向のある部長がいるじゃないですか。そうすると、自分についてくるヤツはかわいがって、自分に背いたヤツははっきり除外して、出世コースから外すことってあるでしょ。自分についた人は、自分が重役になったら部長にするし。そんな**会社員の心を見ながら、このコピーを書いたんですよ。時代劇を意識して書いたんじゃないんです。**

五明　映画の中身は時代劇だけど、コピーはサラリーマンの心を突いた!?

関根　そうなんですよ。会社の中を観察していてできたんです。

五明　このコピーは会社だったら、部長がそう言ってるってことですよね？

関根　そうそう。

五明　人間観察は普段からされていたんですか？

関根　僕は、映画をたくさん観てきたから、人間を観察する力が身についたんじゃないかと思います。映画には人間の本質が反映されているから、映画を観ることで人間というものを理解することができ、現実で人間を観察できるようになったし、現実で人間を観察しているから、より映画を深く味わえるようにもなった。

五明　映画を観てたから、人間観察の力もついたんですか？

関根　すべては映画からですね。中学・高校時代の6年間で映画をたくさん観たんですが、そのほとんどは人間の闘争劇でした。権力闘争とか、そういうのが多かった。全部、人間を見てるんですよね。アクションシーンだけを観て喜んでいるわけじゃないですよ。その奥の人間を見てるんです。

台本にない言葉をコピーとして書いてヒットさせた

東映スタッフ　補足させていただきますと、『柳生一族の陰謀』は間違いなく、関根さんのコピーによって大ヒットしたんです。元々ヒット間違いなしの映画だったと思いますけど、コピーのおかげでさらにヒットしました。ちなみに、この『我《わし》につくも、敵にまわるも、心して決めい！』というのは映画には出てこないんです。台詞《セリフ》じゃないんですよ。

関根　そうなんです。台本から抜き出したんじゃないの。これは僕がつくった言葉。

五明　え！　なんか勝手に、映画の登場人物が刀を抜いて、この台詞を言うシーンがあるのかと思ったんですけど。

関根　映画にはこの台詞を言うシーンはないんです。だから、宣伝部に問い合わせがきた。

「この台詞、ないじゃない!」って。

東映スタッフ　問合せがくるぐらい、インパクトがあったんです。

関根　このコピーには後日談があって、2001年アメリカでテロがあったでしょ? 9・11。当時のブッシュ大統領が演説した時こう言ったんです。「世界はアメリカにつくか、テロにつくか、しっかり考えろ」と。心を据えて「決めろ」ということです。その演説を僕はテレビで何気なく見ていて、どこかで聞いたようなフレーズだなと……。

五明　そうですね。

関根　「あ! 俺の『柳生一族~』のコピーだ」って。

五明　アメリカにつくもテロにつくも心して決めい。

関根　ブッシュさんはスピーチライターが書いたのを読んだだけかもしれないけれど……。

五明　『ブッシュ一族の陰謀』ですね。

【肝に銘じます】

人の心の中にある思いを
言い当てるものが、
人の心に刺さるコピーになる

2

コピーライティングは自己表現でいいのか問題

『仁義なき戦い』の台本を読んだ時、「これは当たる」という直感がはたらいた

関根　『仁義なき戦い』という映画は初めて台本を読んだ時に、「これは面白い。絶対当たる」って直感がはたらいたんです。なんといっても『仁義なき戦い』というタイトルが分かりやすいでしょう。シンプルでカッコいい。インパクトがある。

五明　ずっと台本を読んでコピーを書かれてきたから、台本読んだだけで分かっちゃうところはあるんでしょうね。

関根　そう。『仁義なき戦い』の台本を読んで、これは「僕の世界だ」って思ったんです。僕のっていうと不遜だけど。しかも、この映画は戦争直後焼け跡のシーンから始まるんです。

五明　闇市みたいなところでしたよね。

関根　僕は中野に住んでいたから、新宿の闇市に行ったこともある。焼け跡を新宿まで歩いていくと、ヤクザの仕切っている闇市があって。そういう荒んだ世界を7、8歳で体験したから、『仁義なき戦い』の台本を読んだ時、「僕の世界だ」って思ったの。本当に、こ

「仁義なき戦い」(1973年公開) ©東映

の『仁義なき戦い』をやっていた3、4年はコピーを書き倒したね。魅入られたようにやってきたの。

コピーは自己表現になっていいのか？

五明　関根さんが『仁義なき戦い』をやっていた時にそこまで書き倒せたのは、バックボーンがあったからですよね。そう考えると、コピーを書こうとするなら、勉強することも大切だけど、自分が今まで経験してきたものを落とし込むことも大切ですね。

関根　そうです。その通りです。**自分の人生とリンクしていたから書けた**。僕が書くものは、宣伝文、つまりコピーとは違う匂いがすると言われるんです。それは、ものすごく自分が反映しちゃっているから。後で気が付いたんだけど、『仁義なき戦い』シリーズで書いてきたのは自己表現だったんじゃないかって。宣伝文句と自己表現ぐらい、水と油の関係のものはないですからね。

五明　そうですね。僕もコピーライティングは自己表現じゃないと言われたことがあります。

関根　商品の特色とか美点とかをどううまく書くか、どう効果的に書くか、どう強く人の心に響くように書くかがコピーライターの仕事ですよね。

五明　関根さんは、惹句師《じゃっくし》は自己表現でもあると？

関根　ある時、自分の書いたコピーをずっと読み返してみたんですよ。『仁義～』のを全部。そうしたら、「何だ、これ。俺は自己表現をしてきたんじゃないか」と思って。宣伝のために書いたのに、結果として自己表現になっていた。文体のリズムとかにね、感情とか、そういうのが出ちゃってるの。**もちろん自己表現をしようとして書いたわけじゃないけど、結果として自己表現になっていた。**

五明　その頃に自分がハマっていたこととか、思っていたことが結構、コピーに反映されていたりってことですか？

関根　出ちゃっているの。後から読み返して気が付いたんですよ。

五明　自分が出ちゃっていたのは、関根さんとしては良いことだと思われますか？

関根　決して、悪いことじゃないと思う。コピーライターは自己表現をしてはいけないとよく言われるけれど、映画は「商品」だけど、単なる商品じゃないんです。映画は人間を描くものだから。だから**コピーライターの人間性みたいなものが出ちゃってもいいんじゃないかな。**

五明　確かに、商品のコピーでも自己表現まではいかなくても、個性は出していいわけですもんね。

関根 そうそう。映画っていうのは人間を描いてるでしょ。人間の怒りだとか、喜び、憎悪、怨念。そういったものを。『仁義なき戦い』なんか、スゴいじゃないですか。怒鳴り合ったり、殺し合ったり、裏をかき合ったり。すごいでしょ？

五明 この前、初めてこの映画をちゃんと観たんですよ。すごい人が死ぬじゃないですか。「このペースだと、出演者全員、死んでいくんじゃないかな」と思って。スゴいですよね。

関根 本当にね。登場人物の生《ナマ》の感情が出てる。

五明 僕らが見ると、リアリティがないんですよ。闇市でヤクザもんがワーッといって、腕をぶった切るとか。関根さんはあれをリアルに知ってるってことですもんね。

関根 まあ、それに近いもんを見ているわけですよ。ヤクザが数人で地回りにドーンときて、あんなものを8歳で見てるわけですよ。

6年で750本の映画を見て、同じ映画を16回見た

関根 話が変わりますけど、中学高校の6年間、僕は完全な外国映画ファンだったんですよ。

1950年に高校を卒業してから東映に入る1956年までの6年間はあっちこっちの映画館に行って、外国のギャング映画を観まくっていた。

五明　その頃から映画のコピーとかは気になってたんですか？　外国映画を見て。

関根　いや、全然気にならなかった。コピーなんか目にも入らない。見たいものがあれば一人でも見に行って。ただの映画大好き人間でした。**当時の映画ノートを読むと、6年で750本ぐらい見ているんですよ。**僕の『仁義なき戦い』のコピーのベースは全部、この6年間に観たギャング映画、暗黒映画、ダークサイドの映画にあるんです。

五明　当時DVDとかない中で年間100本以上見てたのはすごいですね。学生の時に、映画を観た時は、「ああ、面白いなぁ」で終わってるんですか？　それとも、思い返して、「あの物語はこうこうこうで」って見終わった後に分析みたいなことはされていたんですか？

関根　意識して分析をしていたわけではないですね。当時は『第三の男』っていう、有名なイギリス映画が大好きで、それは16回も観ました。他県の映画館まで行っていました。特に横浜の映画館には通いつめました。それくらい何度も観たので、台詞も覚えましたね。アメリカのギャング映画とイギリスのギャング映画は違うんだな、とテイストの違いとかは考えていた。

五明　6年間の圧倒的なインプットがコピーのベースに？

関根　この6年があってこそ、東映のアクション系の映画を扱えたということですね。

五明　東映に入ってからは、映画のコピーを書く時に大切にしていたこととか、気を付けていることとか、ありましたか？

関根　**映画のコアを早くつかむことですね。映画のコアを早くつかむ練習を無意識で中高の映画を観まくった6年間でやっていた**んだと思います。それがなかったら今日の僕はないです。ただ好きで映画を観ていただけなんだけど。

五明　本当に大切な6年だったんですね。

関根　この6年のおかげで、東映のお役に立てたって思っています。

東映の時代劇が衰退したのとプロレスの人気が一時期落ちたのは理由が似ている

関根　話が逸れるけどね、東映の時代劇がなぜ衰退したかというと、黒澤明の映画がきっかけなんです。1961年に『用心棒』が、1962年に『椿三十郎』が公開されて、とにかく殺陣がリアルだった。でも、東映の時代劇はキンキラのお殿様の衣装を着て、華やかで、斬っても全然血も出ないようなのが多かった。リアルじゃなかったんです。黒澤明のリアルな映画を見た観客が、映画にリアルを求めるようになったんですよ。それで、東映の時代劇が終わっていくんです。

五明　なんだか、格闘技みたいですね。元々、プロレスがすごい人気あったけれど、そこから総合格闘技というガチンコの殴り合いが出てきて。一時のプロレスの人気がちょっと落ちた。観客がリアルな方を求めるようになってってていうのが似ていますね。

関根　似ていますね。

五明　そっくりですね。何か、ありそうですね。**貧しい時はリアリティのない華やかなものを人間は求めて、裕福になってきたら今度、リアルなものを求め始める、**みたいな。

関根　それが人間の普遍的な心の動きなんだと思います。『椿三十郎』に、三船敏郎（椿三十郎）と仲代達矢（室戸半兵衛）がじーっと向かい合ってるシーンがあるんですよ。ふたりで向かい合っていて、一瞬、椿三十郎が動いて刀を振りおろしたら、仲代達矢の胸から、すごい量の血がぴゃーっと飛ぶんです。あれは衝撃的でした。それまでの東映の時代劇は、豪華な着物で、そんな血なんか出ないから。『椿三十郎』はリアルな浪人の汚い格好をしていた。黒ずんで、汗臭い、男臭いような。そして斬る音がすごかった。『椿三十郎』を観たら東映の時代劇は見ていられなくなった。余計な話ですみません。

五明　いえいえ、ありがとうございます。ちなみに、映画のコピーっていうのは今と昔で変わってきているんですか？

関根　基本は変わっていないと思います。まず、映画を多くの人に知ってもらうために書くというのは変わらない。当たり前ですけど。で、映画の中身自体の変遷っていうのがどうしてもついて回るからコピーも変わっているように感じる。でも、やっぱり基本は変わらないんですよ。人間の心は変わっていないから。

五明　映画を多くの人に知ってもらうというベースがあって、映画の中身は変わったとしても人間そのものを描いているということは変わらない。

関根　そうですね。それは映画をずっと見てきた映画ファンとしても感じますし、人間を観察してコピーを書き続けてきた者としても感じます。

【肝に銘じます】

書くときは対象のコアを
いち早くつかむ

3

「いい、加減」で仕事しなさい

頭をまっさらにする

五明　コピーを書くために、素材として映画を観る場合、気をつけていることはありますか？

関根　**いつも自分をまっさらの状態にしています。**

五明　ずっと映画を観ていて、ずっとコピーを書いていると、意識をまっさらにするのは、なかなか難しいと思うんですけど、意識的に映画を排除したり、旅に行ったりとかするんですか？

関根　そうですね。まっさらにするのは大変です。今はもう、まっさらにするのが習慣になっちゃっているけれど。

五明　アイディアが湧かない時とかは、どうしてるんですか？

関根　これも自分をまっさらにすることにつながりますが、己を無にします。一度、頭の中にあるものを捨てるつもりで、小旅行に出かけます。その間は映画鑑賞も読書も禁じます。他のものを参考にするとモノマネになってしまうので、何も入ってこないようにするんです。

生真面目に仕事をやってはいけない

五明　でも、〆切があるじゃないですか。僕は〆切が気になっちゃって、どうやっても無になれないんです。無になる方法はありますか？

関根　気になってしまうのもわかります。でも何でも生真面目にやってはいけないんです。いい加減な部分を持ってないと、余裕はできません。**いい加減っていうとズボラなヤツだけれど、「いい、加減」っていうのを意識する。**そうすれば絶対、無になれますよ。

五明　10割の力で仕事に向き合うのでなくて、2割ほど力を抜くというようなことですか？

関根　車のハンドルって、15％が遊びなんですよ。ハンドルのすべての部分が反応するとちょっと触っただけで急に曲がっちゃって危険だし、運転がしにくい。その動かしても反応しない15％の遊びの部分が「いい、加減」の象徴ですよ。

五明　人間も遊びがないとダメだと。

関根　そうですね。僕は雑という意味で「いい加減」な部分もありますよ。でも、自分が雑な性格だからといって何も悩むことはないんです。**いい加減な部分も役に立つ時があるん**

ですよ。結局、僕なんかは、「ああ、〆切に間に合いそうにない。どうしよう……。」っていうふうに悩まないんです。「間に合わなかったら、どうするの?」って自分に問いかけたら、「しょうがねえや」っていうふうに思うんですよ。

五明　今まで間に合わなかったことはあるんですか?

関根　間に合わなかったことはないけど……、デザイナーが「まだ、コピーができてないんだよな。待ってるのに、もう」って。人に迷惑はかけています。遅い時はあります。

五明　それはちょっと遊んじゃったりして? いい加減な部分が出ちゃって、たとえば、飲みに行っちゃったりして、遅れるとかですか?

関根　そういうのはありますよ(笑)。人間だから、そういういい加減さはある。でも、飲みに行っちゃって、ふっと思い浮かぶこともあるんですよ。それで、パッとメモするんです。そういういい加減さがアイディアを生むこともあるんですよ。眠りながら書くこともあった。A4ぐらいの大きさの紙と、太いサインペンを置いて寝る。それで何か思いついたらハッと起きて、忘れないうちに書いていました。

夢日記をつけてコピーの参考にする

五明　それは夢の中で思いついたコピーを？

関根　そう。僕、夢日記を書いているんです。夢って自分の想像を超えた場面が出てくるでしょ？「何だ？　コレ」っていう。そのシーンを書く。夢ってすぐに忘れてしまうから執念で忘れないように、書いておくんです。そうすると、何%かで済みますよ、忘れちゃうのは。夢って、すごいシュールだったりするでしょ？

五明　シュールですね。僕もコントをつくらなきゃいけない時に、夢で設定を思いつくことがあるんですよ。それこそ、僕は携帯電話にメモしておくんです。で、メモしたら、置いてまた寝るじゃないですか。朝、起きて見ると、あんなに面白かった夢がすごいつまらないんですよ。

関根　つまらないことの方が多い。でもその中にたまにピカッと光るものがあるんですよ。だから、僕は夢日記ってもう何冊もあるんだけど、これは映画について書き留めた映画ノートと一緒にしてあって、火事とか何かの場合はそれだけ持って逃げられるように、寝床の頭の引き出しに全部、入ってますよ。

五明　夢日記は映画のコピーに使うんですよね？

関根　もちろん、映画のコピーに使えそうだなと思うからこそ、メモするんですよ。

五明　ヒントですよね？　ここから何か違う角度で考えたらあるんじゃないか、とか。

関根　そうそう、その通りです。だから、夢日記は大事なんですよね。

五明　やってみようかなぁ。

関根　ぜひ、おすすめしますよ。だって、映画自体、ひとつの夢みたいじゃないですか。

五明　本当ですね。夢って、普段起きている時には思いつかないようなことを思いつくじゃないですか。夢ですごく楽しいのに、現実に戻ったら別にそうでもない。不思議です。

関根　僕もそう。夢って描写するのが難しくて。夢で見たままに書き出すことができない。文章力がいかにないかって、夢を書くたびに思う。

五明　へぇえ。関根さんの夢日記、見てみたいなぁ。

関根　夢日記には（菅原）文太さんも出てくるし、（高倉）健さんも出てくるし、大変ですよ。ある農家の家に、農家って広いじゃないですか。そこの廊下に健さんと二人でいるとかね。それもメモしましたよ。ものすごくいい関係の、ほのぼのした夢なんです。それをメモして。それが間接的に、コピーに役に立つ場合があるんですよね。

五明　メモしたことによって、脳にメモするみたいなこともありますもんね。

関根　さすがだよ。上手いこと言うね。

【肝に銘じます】

「いい加減」ではなく

「いい、加減」で仕事をする

関根さんからの

課題

五明さんには、課題として

映画「仁義なき戦い」の宣伝

コピーを5本お願いしたい。

映画『仁義なき戦い』のコピー5本

作：五明拓弥

・広島が赤く染まる日は、カープの試合日だけじゃなかった。

・コンプライアンスクソくらえ

・マジかよ！ 本気《マジ》かよ!! 実話《マジ》かよ!!!

・※自信をなくすので、ヤクザの方は決して観ないでください。

・男は飲む打つ買う。漢は斬る撃つ殺る。

映画『仁義なき戦い』のコピー5本

赤字添削：関根忠郎

「打てい！打てい！打ったれい！」
あるいは「撃てい！撃てい！撃ったれい！」

・広島が赤く染まる日は、
カープの試合日だけじゃなかった。

これだけでは弱い。フォロー・コピーでしかない。
メイン・コピーを欠いたフレーズはパワー不足。

・コンプライアンス、
クソくらえ！

全盛期「仁義なき戦い」に使えるかも！

このようなフレーズには、句読点と感嘆符が必要。

・マジかよ！ 本気《マジ》かよ!! 実話《マジ》かよ!!!

これはコトバの遊びだな！ 感嘆符のピラミッドがセンス抜群！
マジ・本気・実話と3種の文字配りも気が利いている。

・※自信をなくすので、ヤクザの方は
決して観ないでください。

イタリアのホラー映画「サスペリア」のパクリじゃないか！

・男は飲む打つ買う。

あえて古臭いフレーズが逆に新鮮！！

漢は斬る撃つ殺る。

私のマネをして、コトバの対位法を狙ったな。対比としてはヨワイ。

講　評

五明さんが作った東映映画『仁義なき戦い』の宣伝文案を添削させてもらって、結構おもしろかった。今、1937年の作品である『仁義なき戦い』を公開するとして、これを誰に見せるかが問題だ。まさか昔の“仁義ファン”にわざわざお越しいただくことはないだろう。見せるならやっぱり若い世代の人たちだ。

五明さんは、その点、70年代前半と2010年代後半期の時間的距離間も測っている。そこはアタマがいい。5つのコピーのうち、気の利いたフレーズがいくつか散見される。このような遊び心で、映画のコピーライティングを今後やってみてはどうだろうか？　そのうちコツが分かってくると思うし、分かってくると面白さが身に付いてくる。

むろんまだまだ初心者にはちがいないが、ちょっとの間、趣味的でもいい。とにかく私は超高齢だし、若い映画コピーライターの出現を心待ちにしている者だ。後継者が欲しい。

又吉直樹×五明拓弥

又吉直樹はどのように小説を書いて、どのようにネタを作っているのか？

又吉直樹《またよしなおき》 1980年大阪生まれ。よしもとクリエイティブ・エージェンシー所属のお笑い芸人。1999年NSC東京に5期生として入学。2000年にデビュー。2003年にお笑いコンビ「ピース」を結成する。芸人として多彩な活動を繰り広げる一方で、2009年に俳人のせきしろとの共著『カキフライが無いなら来なかった』(幻冬舎)で出版デビュー。同じく、せきしろとの共著『まさかジープで来るとは』(幻冬舎)など、著作多数。2015年には『火花』(文藝春秋)で芥川賞を受賞した。近刊に2作目の小説『劇場』(新潮社)ほか。

【又吉さん、勉強させていただきました】

又吉さんには昔からずっとお世話になりっぱなしだ。

又吉さん主催のライブやプライベートでも僕を誘ってくれる数少ない先輩の1人。

僕にとって又吉さんは先輩というよりは、師匠という感覚に近い。

今からもう10年以上前の話。

又吉さんが世に出る前のこと。夜中に吉祥寺のジョナサンに集まり朝まで大喜利をよくしていた。各々が出演した大喜利ライブで、出されたお題をこっそり持ち帰り、それを持ち寄って面白い答えが出るまで、ひとつのお題をひたすら続けるという会だった。こうして文字にするとストイックな印象を持たれるかもしれないが、ジュースを飲みながら和気藹々と大喜利をする楽しい集まりだった。たしか、その会を「修行」と呼んでいたと思う。ある日の修行で、又吉さんからアドバイスを頂いた。

それは、大喜利で答えが思いつかなかった時の対処法だ。この対談でもそのアドバイスの話になった。又吉さんから貰ったアドバイスが今でも役に立っていることを話した後に「失敗した」と思った。これは、企業秘密ではないかと。大喜利だけでなく、一発ギャグ、ネタ、コラムなどにも使えて、言葉の仕事をしている人なら必ず役に立つアドバイスだから。正直、本に載せて欲しくないが、「載せないでほしい」と言うのも恰好悪いので運に任せた。出来上がりを見るとしっかり印刷されていた。ちゃんと載せないで、と言えばよかった。

対談数日前に又吉さんにお会いした時、「対談本、すごいクリエイターの人ばっかりなんやろ？　俺も少しクリエイター感出した方がええかな？」と冗談言いつつも、けっこう目が本気だったので、当日いつもの又吉さんではなく、クリエイターキャラが入った又吉さんが来るのではないかと少し不安だったが、対談当日はいつも通りだったので安心した。

今回の対談では、普段の又吉さんとのプライベートでは聞かないであろう小説やエッセイの書き方なども聞いてみた。
若手の頃、ジョナサンのドリンクバーで朝まで粘って修行していた師匠との対談。こうして本になるのは、感慨深いし、すごく嬉しい。読んでいただけたらもっと嬉しい。

1

深夜の「又吉大喜利塾」で学んだ大切なこと

深夜のジョナサンで開かれた「又吉大喜利塾」

五明　最初の出会いは東京のNSCでしたよね。東京の吉本の養成所で又吉さんが5期生で僕が6期生だった。でも、出会ってから何年かは、しゃべることなかったですよね。代々木でバッタリ会ってからですよね？　俺は当時、代々木に住んでいて、たまたま又吉さんは代々木を散歩中で、トンネルの中でバッタリ。

又吉　たしか、俺がルミネ終わりやった時やんな。「どこ行くんですか？」って、言うて。

五明　そうです、そうです。ドコモタワーの方から歩いてきた又吉さんに僕が声かけて。

又吉　「今、ルミネ終わって、渋谷まで歩くねん」って答えたら。五明がビックリしとった。「嘘でしょ！」って言って。あの時はお金が全然なかったから、よう歩いてたな。

五明　そこからですよね？　いろいろ、誘ってくれるようになったのは。

又吉　そやな。

五明　あの頃から始まったんですよね。「修行」と呼んでいた大喜利塾が。

又吉　そうか、あの頃か。

五明　そうです、又吉さんは大喜利の先生ですよ。

又吉　当時、若手の大喜利大会では、だいたい俺が優勝しててんな。皆が「大喜利、苦手や」みたいなことを言うてたから、「いや、俺もそんなに得意じゃないねんけど、一人でずっとやってたら何となくコツがつかめた」って言ったら、「え？　それ努力でいけるもんなんですか？」って聞かれてな。「俺もそういうのは才能なんかなと思ってたけど、努力で見えてきたことがいろいろあるなぁ」って言ったら「教えてくださいよ」って流れで始まった。最初は五明と何人かやったけど、段々「僕もいいですか？」って、増えていった。

五明　そうですね。吉祥寺のジョナサンで夜中から朝までやってましたね。

又吉　大喜利のお題を1個、自由帳みたいなやつに書いて、その下に答えを白いところがなくなるまで書き続けるみたいなことやってたな。「こういうパターンもあるよな」みたいなのを皆で言い合って。

大喜利の力はいろいろな場面で使える

五明　楽しくやってましたね。俺、いまだに覚えてる名言があるんですけど。

又吉　俺、覚えてない。

五明　ホントですか？　「このお題、難しいですね」って言ったら、又吉さんが遠くを見ながら、**「五明、大喜利の答えはお題の中にあるんや」**って。

又吉　今となってはな。**そのお題じゃないと出てこうへん答えがある**はずやから。本当、その通りですよね。どのお題にも当てはまる答えっていうのはウケるかもしれへんけど、実はなんかちょっとずれてるというかね。難しいお題が出た時もそうやし、大喜利にかかわらずやな。

五明　そうですね。大喜利にかかわらず、一発ギャグでも。文章書く時もですか？

又吉　エッセイでも小説でもどんな時でもそうやと思う。文章書く時ってまずテーマがあるやん。そのテーマをどう解体していくかを考える。いろいろ解体したり、そこに付け加えたりしていくうちに、段々答えが見えてくるというか。

五明　なるほど。本当にあの大喜利塾ではいろいろ、教えてもらいました。

又吉　大喜利がお笑いの全てではないし、芸人が絶対に持っとかなあかん能力ですらないのかもしれへん。でも、**大喜利ができる力があるといろんなところで使えたりはする**よなぁ。もちろん、ネタの中でも役立つし、それこそ、五明が今やっているコピー書いたりＣＭつくったりするような仕事には、すごく役に立ってるんじゃないのかな？

五明　ええ、すごく役に立ってます。分かんない時はまずお題をつくれって言われて。お題の中に答えはあるから、そこから探れってことですよね。

又吉　たとえば、一発ギャグで「どうやってつくろう？　面白いの、できひん」って思ったとする。まずはめちゃくちゃシンプルに、「その会場にいるお客さんが全て笑う一発ギャグをやりなさい」というお題の大喜利が出たつもりで考えていく。広すぎるお題とか、難しいお題にぶつかって「絞りようないやん」って思ったら、**自分でお題に設定を付け加える。**今の例だと「ロマンチックな」を勝手に付け加えて、「その会場にいるお客さんが全て笑う、ロマンチックな一発ギャグをやりなさい」と。お題が広すぎたら絞る、逆に、お題が狭かったら広げる、っていうのを自分でプラスしていく。プラスした「ロマンチックな」をお客さんが知らなくても、ロマンチックな一発ギャグを表現して見せた時にちゃんと伝わるから。お客さんは「ロマンチックなヤツはあかんやろう」とは思ってないし、「全員が激怒する一発ギャグ」でもいい。そうやって自分で１個お題に何かを付け加えて探っていくと、答えが見つかってくるから。どんなものでもお題をつくって、プラスで広げたり、絞ったりしていくということやな。

五明　これ、実は、知らない人が多かったりするんじゃないですか？　お題をつくって逆算で考えるっていう。

又吉　そうやなぁ。

五明　僕はだいぶ、助けられました。

自分が産んだ言葉は心中する覚悟で大事にする

又吉　五明の言葉に対するスタンスは、最初から気になっててん。

五明　そうなんですか。今まで、そんな話したことなかったですけど。

又吉　なんやろうな。コントしてる時の会話が聞き取りやすかったというか。五明は、ネタでも大喜利でもギャグでも、「これ届いてくれ！」っていう出し方するやん。

五明　そうですね。

又吉　でも、人によってはウケへん可能性もあるから言葉を発する時に、保険をかけてしまうことがあんねん。自分の言葉と心中できる覚悟が決まってないというか。覚悟が決まってないと、スべるのが怖くて、「(僕のネタは)そこまでかわいい子どもじゃないんで」っていう出し方をする。そういう人は**言葉に命をかけられてないから、それを何年も積み重ねていくと、たぶん言葉の方からも嫌われていくねん。**大喜利塾でも「出してウケへんと思っても、投げやりになって自分が書いたネタを下げんな」って言うた気が……。

五明　言ってた！　言ってた！

又吉　「ちゃんと見せや」って。自分が考えたネタって、自分の子どもみたいなもんやから、親だけはかわいがらんと。

五明　本当にそうですね。

又吉　後で、「いや、もうホントにバカな子なんで」って回収して、バカとして活かす方法もあんねんけど、最初にちゃんと出さな、それすらできひんから。

五明　大事ですね。本当に、大喜利塾では大事なことを学びました。ひさしぶりにやりましょうね。吉祥寺のジョナサンで。

【肝に銘じます】

・答えはお題の中にある

・答えが思いつかなければ、自分で設定をプラスして考えてみる

・自分が発した言葉は最後まで責任を持つ

「芸人」と「書く仕事」をどうやって両立しているのか問題

芸人の仕事は減らさない

五明　又吉さん、今も芸人の仕事で忙しいですし、「いつ、書いてるんだ?」って思うんですけど、どうやって芸人と作家を両立しているんですか?

又吉　そうやな。今のところ、睡眠時間を削ってるかな。でも、眠たくない時の方が頭は働くとは思うで。

五明　そうですよね。小説とか、エッセイとかを書くために、芸人の仕事を抑えたりはしてるんですか?

又吉　いや、抑えてない。

五明　芸人の仕事を減らしているわけではないんですね。

又吉　たとえば、テレビやったら、いろんな人と会えるやんか。それが刺激になる。コンビで活動してる時は、相方の綾部が知らん人と会った時でも、知らん場所に行った時でもすぐに適応できる能力があったから、綾部についていくことでまたそこで刺激を受ける。コンビでやる以上は綾部の行く場所行く場所にちゃんと付き合うこと、つまり、コンビの仕事を最優先にはしてたな。一人になるとまた、ちょっと変わってくる。自分一人やと、今まで綾部と一緒やから入ってきてた仕事は減って、自分寄りの仕事が増えてくる。それが書く仕事とか、本に関する仕事やな。方向性を変えるつもりはないけど、自然にそうなってきているというか。でも、**書く仕事のために、芸人としての仕事を抑えるということはないな。**

五明　確かに芸人の仕事を減らすと本末転倒というか、芸人でありながら、そういう仕事をやるからいい、みたいなところもありますもんね。

又吉　ひとつの職業に特化すれば、作品をつくる時間を長くできるというのはあんねんけど、そうするとあんまり面白いものができひんと思う。やっぱりインプットしてアウトプットやから。ひとつのことしかやってない人の作品って、それしかやってないって分かるのよね。「この人、一切、音楽聴かへんのやろうな」「ファッションに全く興味ないんやろうな」「旨いもんに興味ないんやろうな」とか。「ここセンスあんのに、ここ雑やな」とか。なんていうか、客観的に自分の作品を見られてない感じがすごくあって。だから、皆、本を読んだり、映画を見たり、勉強していろんなものを吸収して、自分の作品をつくっていくんやろうけど。そういう意味でいうと、芸人の仕事ってかなり幅広いから。芸人の仕事をすることでいろんなものが吸収できる。

五明　そうですね。芸人の仕事ってインプットすることはすごくたくさんありますよね。楽屋でしゃべっていることが意外と、刺激になったり、アイディアに繋がったりもしますし。

嫌いでも見ないといけないことはある

又吉　これから先は知らんけど、少なくとも今日現在で言うとな、日本という場所で表現する時に、テレビに出てるタレントを一人も知らんっていうのは、表現者として誇ることじゃないと思うねん。そこの感覚を間違ってる人が多くて。

五明　そんな人、います？「ちょっとテレビは見ないんですけど」みたいなニュアンスですか？

又吉　そうそう。「テレビ嫌いなんですけど」はええねん。でも、嫌いでも見なあかんことってあるやん。ニュースとかで、最低限、世界で何が起こってるかとかは頭にないと。それを知った上で作品に反映させるか、させへんかは自分で決めればいいけど、その選択肢もなくて「テレビは知らんねや」みたいな文芸評論家とかは、何かが欠落し過ぎてて、「その若者観、古過ぎるやろ。そんなやったら、現代の小説で、お前が読めるヤツなんか1冊もないで」って思ってしまう。
五明　又吉さん、それ言い過ぎて誰か分かってくるんじゃないですか（笑）。
又吉　本人だけ分かるぐらいの感じで言うてんねんけど（笑）。
五明　そうですか（笑）。

ひとつの表現にこだわる弱さ

又吉　やっぱり、テレビはすごいと、僕は思う。
五明　へえ。意外ですね。又吉さんの口から「テレビはすごい」というのは。
又吉　テレビがなかったら、そもそも芸人になろうと思ってなかったし、テレビを見てくれて、ライブに来てくれるお客さんもいっぱいおるし。もちろん、僕の場合は、文章を読んで来てくれるお客さんもいてるから、そこも大事にしたいけど。
五明　そうですね。
又吉　だから、**1個の表現にこだわる弱さもある**と思う。スポーツ選手だって、サッカー選手も野球選手も筋トレやるし。**他ジャンルのトレーニングをとりいれて普段、使わない筋**

肉をつけるっていうのは当たり前のことやから。結局、そのトレーニングでいつも使う筋肉が更に強なるっていうのは明白なことやから、自分のジャンルしかせえへんってキツいねん。

五明　両方やっていくと強くなるとはいえ、どちらもセーブせずにやるっていうのはなかなか大変ですよ。そういえば以前、夜中に陸橋の上で一人、ベンチに座りながら考える時があるって言ってませんでした？

又吉　そうそう、何も出えへん時な。この前のライブのコントに出てくる詩を考えててん。3日くらい考えて、最後、恵比寿の鉄橋のところに夜中の1時くらいに行って「この下を始発電車が通過するまでに出そう」と思って粘って。でも結局、始発が走って3本目ぐらいの時に完成して帰った（笑）。

【肝に銘じます】

インプットの間口を広げる。
そうすれば書く仕事にも活きてくる

3

小説は
どのように
書いているのか?

小説もコントもつくるだけならなんぼでもつくれる

五明　小説はどんなふうに書いているんですか？　何か意識していることってあります？

又吉　小説を書く時なぁ……。もし面白さを問われないなら、僕も五明も多分、1時間ぐらいでコントは書けるやん。1時間もいらんか。僕の場合、小説も同じで、面白くなくてええんやったら、なんぼでも書けるのよ（笑）。書けるけど、面白いコントとか、面白い小説としてやろうとすると、そんなに簡単にはいかない。今、『火花』と『劇場』の2作書いて、一応、自分の納得できるかたちにして発表してるけど、ほんまのこと言ったら、終わりはない。「お前のいちばん最後のコントはこれや。これでほんまにいいんか」「この小説が最後だけど、これでいいんか」となったら、「いや。これじゃ、よくないと思います」っていうことになるから。

五明　もっと面白くできるかもしれない？

又吉　そう。小説でも何が面白いかとか、客が何を求めているかみたいなことも考えるし、いろんな要素が絡み合っているというか。言葉をただ順番に置いているんじゃなくて、書いている時も行ったり来たりしながら、編みこんでいくイメージ。いろんな要素を編みこんで小説のかたちにしていく。話の筋が複雑に入り組んでいるのが自分としては好みで。だから、自分の作品の批評に触れる機会は多いけど、その批評を見て「なるほど、そういう読み方があったんか」と思うことは97％ない。

五明　言われることもだいたい予想がついちゃうってことですか？　すべて想定内？

又吉　そう。「手前の読み方やな」と思うことがほとんど。「そう読むやろな、でも、そうじゃないねんで」と。だから、そうじゃないということを表明するために、この辺にこういう言葉を入れておこうとか。こういう構造にしとこうとか。そういう仕掛けをたくさんしてる。けど、「この人はそこまでたどり着けへんかったんやな」って、思うことがほとんどかな。

「ありがちやん！」と思う人のために何重にも仕掛けを用意する

五明　そんなこと言われたら、もう誰も感想書けないじゃないですか（笑）。「面白かったです！」だけしか。

又吉　いや、もちろん、読者に面白がってもらおうと思って書いてるわけやんか。クイズにしてるわけじゃない。どの地点でも、面白がってくれたらええねん。面白がってもらうために書いてるから、いろんな仕掛けをする。面白がってもらうために書いたことを「いや、それよくあるやん。ありがちなことやん」って思う人のために、ありがちじゃない工夫をどう入れようか。**そのありがちじゃない工夫でもなお、「いや、それもありがちやん」と思う人のために、また何を用意するか**という。そこにどういうふうに感情をのせて、全然違うものにしていくか、その工夫をどんだけするかだから。「ありがちやん」とは思わへん人には、その読み方で楽しんでもらえるなら、もう、それで成立してんねん。

五明　「ありがちやん」と言わせないために仕掛けを？

又吉　より楽しんでもらうためにな。

まっさらな気持ちで作品に接することが大事

五明　ハッピーなことをやりたいんですもんね。意地悪じゃないですよね。

又吉　「卵焼き食いたい」言うてるのに、むちゃくちゃ出汁がきいてる鍋とかつくらへんやん？「この中に卵焼きの旨みも全部入ってる」とか言わへんし。

五明　「こっちは、卵焼きの食感とかも含めて食いたいんだよ」って。

又吉　そうそう。そういう意地悪は別にせえへんけど、こっちが「カレーです」って言ってんのに、「いや、キムチ鍋はこんなんじゃない」みたいな評論がすごく多いのよ。こっちは「恋愛小説を書きます」「職業小説を書きます」って言ってるのに、「小説というものはね……」って、そいつがそれまでに培ってきた小説観みたいなもので読み取ろうとするから、さっきの大喜利の話でいうと、その読み方はお題を読み取れていない。「これって、どういう料理なん？」「あ、こういう料理なんや」「これはどう味わうんやろう？」「こう味わってみようか」で、そこは俺なりの味わい方でやろうとせなあかんねん。**常に新しい気持ちで、自分が得てきた情報と自分の感覚で、そのテーマにたどり着かなあかん**のやけど、もうキムチ鍋食う専門みたいなヤツらがいっぱいおって、「俺はとり鍋しか認めません」みたいなヤツもおって。お題も読めてないし、作品も読めてない。

五明　だから、その評論家って誰なんですか!?（笑）

又吉　それって、よくあるやん、お笑いでも。「シュールなお笑いしか、私は認めません」っていう人は、むちゃくちゃベタな面白い芸人を見て「シュールじゃない」って言うし。それはもう味わえてない、食えてないっていう。僕は芸人になる前はやっぱりお笑いファンやったし、本を書く前は、今もやけど、文学ファンやから、自分の感覚に落とし込んで読もうとか、楽しもうとは思わない。「ここで起こっていることって何なんやろう？　スゴいな」って。中学校の時から、皆が「あの芸人はおもろい」「あの芸人はおもろない」って言ってるのとはちょっと感覚が合わんくて、皆がおもろないって言ってる芸人も純粋に見たら「いや、おもろいけどな」とずっと思うことはよくあった。

五明　まっさらな状態でお笑いを見て、まっさらな状態で小説を読んでいるってことですね。

又吉　そう。何見ても笑ってまうし。

五明　そうですよね。意外と又吉さんってゲラ（＝すぐ笑う人）ですもんね。

又吉　ゲラやし、後輩とか見てても、どんなタイプの芸人にも反応するやん。あかんのは、完全に何かの模倣とか、「こんな感じでやればいいんでしょ？」が見え過ぎるやつ。それは「別に君がやらなくてもいいんじゃない？」と思うけど、そうじゃなくて「あ、こいつのもんやな」と思わせるものが何かあったら、何でも楽しめるかなっていう。

五明　太ってる後輩が飯食うのとか、好きですもんね（笑）。

又吉　好き。美味しそうやもん。だから、食べてるとこを見たい。

五明　（笑）

なぜ芸人は客観性が高いのか？

又吉　初めて作品を見たお客さんが、どう思うやろうと考えるのは大事やんな。

五明　だから、俺もむちゃくちゃ聞きますもん。ネタつくって「これ、分かる？」って周りの人に。又吉さんも、よく後輩とかに、聞かせますもんね。

又吉　そうやな。本来、芸人は客観性が高いと思うねん。というのは、**自分が面白いと思うことを舞台上でやってすべった経験が皆あるから、自分が必ずしも正しいとは限らへんと分かってる。**俺らって、お笑いの賞レースに出る時でも、何十年も積み重ねてきた全ての力を結集して、新たにネタをつくって本番に挑もうとは誰もしないやん？　今までつくってきたネタの中で、ここ1、2年でいろんな劇場や営業先でやって、お客さんに受けいれられている感覚のあるものを、さらにウケるように賞レース用に磨き上げるっていうことをしている。だから、他人の反応に対して素直というか。**お客さんとの信頼関係を結んだ上でやっている**というのもある。

五明　確かに、全く披露したことないネタをM-1とかキング・オブ・コントではほとんどやらないですよね。

又吉　そうやな。２、３００人の前でやって「あ、これはウケたからいける」とか「ウケなかった」とかがあって。でも、自分の中で「これはウケたけど、今日寝る前には皆、忘れてんな」とか、「あんまウケへんかったけど、ポイントポイントで皆笑ってて、明日の朝もう1回、思い出してくれるかもしれへん」とか。必ずしも、その場の笑い声だけが基準にはならへん。そういう経験を10年以上ずっとしてきているから、いざ小説ってなった時に、「小説書きました。誰にも見せんと、急に世に出します」っていうのは怖過ぎて。初めてつくったネタだと、芸歴10年だろうと何だろうと、ウケへんこともあれば、ウケることもあるやん。だから、自分が面白いと思うネタの中から、ちゃんと準備して、それをお客さんに見せながら磨いていったら、自分もお客さんも納得できるものがつくれる。その可能性があるって知ってんのに、いきなり出すっていうのは、めちゃくちゃリスキーな、一発勝負に出るみたいで。

五明　確かに怖過ぎますね。

伝えるために最良の方法を選ぶ

五明　又吉さん、小説の中でむちゃくちゃ難しい言葉を使うじゃないですか。俺なんか調べなきゃ分かんないような。普段、又吉さんはそれを隠して、俺らとしゃべってるんですか？　普段はそんなに難しいことも言わないですし。そのフラストレーションを小説に出してるのかなと俺は思ってたんですよ。

又吉　いやいや(笑)。そんなことはないで。言葉はやっぱり好きやけどな。でも、芸人やったら、普段から感じてることは、お笑いでウケることに対して積んでいくのがほとんどやから。そこで、できないことが小説ではできるから、もしかしたら、無意識のうちにあるんかなぁ。**普段、表明していない感情みたいなものを小説の中で表現できるっていうのは。**

五明　へぇー。

又吉　劇場に来るお客さんは笑いに来てるんで、面白いこと以外はキャッチする準備できてない、基本的には。でも、小説を読む人は笑いたいだけじゃないから、「何があるんだろう？」って、いろんな感覚で細胞が開いている状態で向き合ってくれるから、そこで表現できることはあるかもしれへん。

五明　そうかぁ。舞台とかだったら、たとえば、言葉にならない気持ちを伝えるのにテンションだけでいけそうじゃないですか。動きだったり、顔の表情だったり。でも小説みたいに言葉だけってなると、教養とかがないと無理ですよね。そういうのをいつ勉強してるんだろう？　って思うんですけど、元々、好きで貯金してるヤツがあるんですかね？

又吉　うん、好きやな。たしかに、コントやったら表情で見せるやろうし、小説やったら、もしかしたら、複雑な表情をしてるヤツの心理描写とかができるかもしれんな。でも、あんまりお笑いと小説との差別化みたいな意識はない。そこの区別は自然に自分の中でできるようになっている。たとえば、五明としゃべる時と、もっと後輩としゃべる時とではしゃべり方が変わるけど、それは相手に合わせてるんじゃなくて、**伝えるための最良の方法を自分のために選んでるんだと思う。小説でも、そういうことは自然とやってるかもしれない。**

【肝に銘じます】

・面白がってもらうために、色んな仕掛けを用意する

・伝えたいことを伝えるために最良の方法を選ぶ

4

エッセイと本の帯コピーはどうやって書いているのか?

読者の持っている概念が変化することを考える

五明　僕のクセなんですが、お笑い以外の仕事でも、すぐ「おもしろ」に走っちゃうみたいなことがあるんです。簡単にいうと、すぐボケてしまう。本当はボケなくてもよさそうなところでも、ボケなきゃ怖いみたいなのがあって。又吉さんはお笑い以外の仕事でそういうふうにはならないですか？

又吉　そうやなぁ。正しいか分からへんけど、僕やったら**お客さんの満足度とか、作品を鑑賞する人を楽しませたい、喜ばせたいっていう意識が強いから、それがいちばん実現できる方法を考える**かな。要は、芸人やから大喜利で埋め尽くすこともできるわけやんか。たとえば、「お茶」っていうテーマで何かエッセイを書いてくれって言われたら、それこそ、大喜利のお題みたいに「この世には腹立つお茶と感謝できるお茶がある」みたいなことを書いて、そこから「腹立つお茶大喜利」をやっていけるし、「感謝できるお茶」の方も感謝できるお茶のシチュエーションを書いていけば、笑いの構造はすぐにつくれてしまうねんけど、俺が一番やりたいのは「お茶」というテーマやとしたら、読み終わった時にそれを読んだヤツの「お茶観」がちょっと変わっているということやねん。

五明　自分のなかの「お茶観」？

又吉　読んだ人が「お茶って、そういう面もあるんやな」と思うような。お茶が今までよりも鮮明に見える、みたいな感じ。あとは、飲む時に「ああ、お茶を飲めるって○○だなぁ」という、お茶に対する概念が一つ増えるような。だから、やりたいのは変化やな。エッセイを読み終わった時、あるいはコント見終わった時に、読み手側、**鑑賞する側がいかに変化するかを大切にしてる。**

五明　確かに、ピースさんが準優勝した2010年のコント『男爵と化け物』って見終わった後、「化け物観」が変わるかも。「こんな化け物もいるかもなぁ」って。深みがあるってことなんですかね？　大喜利だけで埋め尽くすとそれは楽しいかもしれないですけど、「ウン、楽しかった」で終わるというか。

又吉　そうやし、言葉の話でいうと、大喜利は一つ一つが基本的には独立していて、数が多いことが正解やん。で、毎回100点を狙う。でも文章になると100点のネタが30個ぐらい並べられてたら、お腹いっぱいになるやん。寿司屋でも中トロは流れの中で1回か2回でいいというか。

五明　確かに。30貫は食えないですね。

又吉　そんなにはいらんから、だから構成というものが必要になってくるかな。大喜利って、瞬間的なものやし。五明の大喜利能力は武器やねんけど、それで埋め尽くしても100点×30個の結果にはつながっていかへん。実は、長々と前振りして最後の一発だけ100点の回答を置くことによって100点以上の結果が出るかもしれへんし。それが構成やから、そこはすごい気を付けてるところかな。

五明　その言葉がどう活きるかまで考えることが大切なんですね。

「多くの人にこの本を手に取ってもらえる言葉を考えよ」というお題にどう応えるか

五明　本の帯のコピーは一時期、結構、書かれていましたよね。

又吉　僕にくる「本のコピー書いてください」という仕事は、五明がやっている広告のコピーと全然違うのよ。何でかっていうと、僕に本の帯を書く話をいっぱいいただけるのは、僕が一応テレビに出ていて、本好きとして知られていて、「たくさん本を読んでる人」っていう印象があるから。そういう人間がコピーを書いて薦めれば、「この本おもろいかもな」って思わせられるということが前提にあるんで依頼がくる。ゼロからその本の魅力を伝えなさいっていうお題じゃなくて、僕の場合は「又吉が」書いたというのが重要。だから、そこで言葉を複雑にするとか、何回も味がするみたいな、複雑な構造にする必要は全然なくて、何やったら「めちゃくちゃ面白かった」っていう一言の方が本の帯コピーとしての威力が増すかもしれへん。

五明　そうした方が、「多くの人に伝える」という広告的な意味があるってことですね。

又吉　そうそう。「傑作！」とか、「感動した！」とか、そういうワードは普通に考えたら僕は使わないですよ。基本的に作品は全部面白いし、素晴らしいから、そこにわざわざ「素晴らしい」と書くことは、僕からしたら、何も言ってないに等しい。でも、受け手側はそうじゃないから。「素晴らしいって書いてあるから、この本素晴らしいんかな」と単純に思うから。本の帯に関しては、僕は表現者じゃなくて紹介者として存在しているから、そういう自分の表現は1回殺して、その本がいちばん素晴らしいと思うことをストレートに書くようにしている。もちろん、その本が好きじゃないとやらないですよ。その本が好きだから、その本を手にとってもらうためだけの仲介者として、どうするかということしか考えない。そこは言葉を磨くというのとは違いますね。本と人をどうつなげるかということだけ。

五明　「多くの人にこの本を手に取ってもらう言葉を考えなさい」っていうお題が出てるって

ことですね。

エッセイで本を紹介する時に気をつけていること

又吉　帯じゃなくて、エッセイで本を紹介する場合に気をつけていることもあって、「これ、言葉が難しいな」って、作品があるやん？　で、連載で本を紹介してくやん。全部、自分は面白いと思ってんねんで。どの本もめっちゃ面白いから紹介してるんやけど、本自体の文章的な難易度があるから、場合によってはエッセイを読んでくれている読者とのマッチングが上手くいかへん可能性がある。僕はいろいろ、読んできて、難しい言葉を調べながら読むのも好きやけどな。だから、**文章が難しい本を紹介する時は、自分の文章も普段よりちょっと難しく書くねん。**ほんなら、難しい言葉が苦手な人は僕のエッセイ自体を面白いとは思わないんで、その本を買わない。でも、その文章を面白いと思う人はその本も楽しめるかもしれへんから、**本の難易度と自分の書く文章の雰囲気は合わせるようにしてる**な。

五明　へえ。めちゃくちゃ、気を遣ってるんですね。

又吉　うん。文体が合わへん人が手にとらんようにもしてあげなあかんし。じゃないと、本嫌いになるから。

五明　そうか。広告の話をすると、どうしたら自分を殺してもいちばん届くかが大切なことのような気がします。殺し過ぎても、良くないとは思うんですけど。

又吉　広告も「みんな買いましょう」じゃなくて、その商品の能力みたいなものがあって。そこに五明がめちゃくちゃ良いキャッチコピーをつけるとするやんか。そのキャッチコピーは、たとえば、直径1㎞ぐらいの網をつくって渋谷の交差点でバーンと投げて、網の中に入った人を捕まえて、そいつらにその商品を結びつけるようなコピーやったら、意味ないなと俺は思う。そうじゃなくて、その商品と合う人にちゃんと届くように。でないと、意味ないから。

五明　無差別にいくわけじゃなくて、その商品に合う人がこっちを向くような言葉を提示してあげる？

又吉　うん、その商品に合う人が反応できる言葉を置くべきやと思う。

五明　又吉さん広告の人ですね！

西加奈子さんが帯コピーを書くきっかけをくれた

又吉　僕に最初に帯を書く機会を与えてくれたのは、作家の西加奈子さん。『炎上する君』の帯を書いてくれませんか」って言われて。でも、当時はまだテレビにも出てなかったから、「この作品、好きやから、めちゃくちゃ嬉しいんですけど、僕が書いているから読もうという人はいないんで、ブログで自分の言葉を尽くして紹介させてもらうので、帯は他の方に頼んでください」って言ったのよ。

五明　断ったんですか？

又吉　うん。そしたら、西さんが「有名とかそういうのは関係なくて、又吉さんにセンスを保証してもらいたいというのがあるから、この作品が面白くなかったら、何も感じてもらわへんのやったらアレですけど、もし今言ってるようなことが理由だったら書いてほしい」って。「近い将来、みんなが又吉さんに帯を書いてくれって言うようになるから、その一人目になりたいっていうのもあるんで」みたいなことを言ってくれて、「それなら書かせてもらいます」って書いた。

五明　西さんすごいですね。先見の明が。

又吉　でも、その時は俺のことを知ってる人がおらんから、「又吉が（書いた）」が求められてる今とは全然違う。当時の俺の持ってるものって、「芸人やってる」ってことだけやから、その時は『読者としての僕を充分満足させながら、芸人としての僕を不安にさせる』みたいな帯にしたの。読者としては面白かったけど、芸人としては脅威でしかなかったみたいな。それはもう芸人というフリしかないから、読者と芸人という2つの立場を並べて、そういう文章の構造は考えられるぐらいのヤツが面白いって言っているんやったら面白いかも、と読者に思わせようとした。そこには文章の工夫が多少いるのよ。それで、書かせてもらって、めっちゃ嬉しかったんですよ。ところが、本が届いて見たら、今までで僕も色んな本を見てきたけど、帯文史上、最も小さかった！

五明　ええっ（笑）。

又吉　西さんはすごい喜んでくれて、でも、編集の方やデザイナーの方の判断やと思うんだけど、推せん文って、普通はダンッ！　って、デカくいくやんか。もう、編集者の人が考えたキャッチがここにあって、僕のコピーはバーコードぐらいのサイズでちんまり。

五明　顔寄せないと見れないヤツ（笑）。

又吉　むちゃくちゃ恥ずかしかった。まあ、でも宝物やけどな（笑）。そのお陰で帯を書けたから。文庫化された時は僕もテレビに出るようになっていて、「変えさせてください」って言って、『絶望するな。僕達には西加奈子がいる。』っていう言葉に変えたの。もっと分かりやすく。難しい言葉を使う必要もないし。それはいろんな意味があるけど、何も仕事がない時に本好きっていうことだけで帯を書かせてくれたっていうので個人的にも、西さんの存在が絶望から遠ざけてくれたし、小説としても全部の短編が、読後「がんばれそうな気がする！」って思える作品やったし。僕と西さんが初めて一緒に仕事させてもらったのが「太宰ナイト」っていうイベントで、太宰治の『津軽』という小説が「絶望するな」っていう言葉で終わることもあって。でも、それを知らない人も楽しめるように。

とことん考えてボツになったネタは後に活きてくる

又吉　五明は今、CMをつくる仕事が多いやん。もちろんコントもやってるし、芸人としてラジオもやったりしてるけど、さらに、この表現をやってみたい、みたいなのはあんの？

五明　今いちばんやってみたいのは、今までのボツネタを使えるCMかもしれないですね。やり始めてから、まだそこまでガッツリやってないんで。今はそれかもしれないですね。いろんなところでも言ってるんですけど、本当に今まで死んでったネタがたくさんあるじゃないですか。意外と「あ、ここで活きてくるんだ」って。その貯金（没になったネタ）が結構あるので、今はCMつくりたいです。本業ももちろん、がんばりたいですけど。

又吉　ボツになったネタがたまっていくって絶対、大事やと思うんねんな。それだけ考えているってことやから。それが後で活きてくる。俺もせきしろさんと一緒にやらせてもらった自由律俳句は、『カキフライが無いなら来なかった』と『まさかジープで来るとは』の2冊に入ってるものだけでも5、600あって。でも、本に出してないストックは2、3千あると思う。

五明　そんなに!!　一時期、俳句をむちゃくちゃ考えてましたもんね。

又吉　自由律俳句が1句あったら、それでエッセイが書ける。ネタの保存になってる。自由律俳句を1句開いたら、1200文字くらいまでは余裕でエッセイが書ける。そこから展開をつけたら、分量もっと延ばせるし。自由律俳句を一時期めちゃくちゃ考えたことでその後すごい助かったと思うことがあるのよ。

五明　確かに、すごい似てるなと思ったのが、コピーライターの尾形真理子さんと対談させていただいて、尾形さんもルミネの『試着室で思い出したら、本気の恋だと思う。』っていうコピーから小説を書いて出版されているらしいんですよ。俺、そのコピーを聞いた時に、又吉さんの自由律俳句に似てるなと思ったんです。あるあるというか、聞くと、「ああ、なんか分かる」って思うじゃないですか。だから、すごいつながるところがあるんでしょうね。

又吉　恋愛系の自由律俳句やと「全ての信号に引っ掛かりながら早く逢いたい」とか、「改札に君が見えるまで音楽を聴く」とかやな。好きな時の感覚やからな。それを保存するっていう。

五明　そうやって考えたことが後になって活きてくるっていうのは、面白いですよね。

又吉　そういうのを考えるのは全くしんどいと思わないもんな。

五明　しんどいとは思わないですね。楽しいですから。芸人としても、広告の仕事でも役に立つ いい話が聞けました。ありがとうございます！

【肝に銘じます】

考え抜いたネタは
ボツになっても
後に必ず活きてくる

おわりに

対談相手の方々から送られてきた課題のダメ出し（赤字添削）を初めて見た時は、落ち込んだし、悔しかったし、納得したし、所によりほんの少し嬉しかったりもした。課題を完璧にできるとは思っていなかったが、もう少しはやれると思っていたのが正直な話だ。６名の方々には、よくわからない芸人が書いてきた課題にご多忙にも関わらず、全力で向き合っていただき感謝しかない。

読者の中で今後、広告の仕事に就きたいと思っている人は、天才以外はきっと僕のようなダメ出しを受けると思う。その度に落ち込んだらいいし、悔しい思いをしたらいい。でも、ダメ出しを書籍に載せるのはやめた方がいい。すごく恥ずかしいから。

最後に。

おもしろい人たちは全員頑張っている。
おもしろいと言われるCMプランナーもコピーライターも惹句師も芸人も全員頑張っている。頑張っていないとおもしろくなれない、おもしろいモノを作れない、おもしろいと言われない。

結果、頑張るしかない。

頑張った上で、この対談で得た知識を活用できる。
〆にはあまりにも簡単な言葉になるが、全力で頑張ろう。
あ、違う。

いい、加減で頑張ろう。

2018年2月　五明拓弥

著者紹介

五明拓弥（ごめい・たくや）

1981年千葉県出身。2000年に東京NSCに6期生として入学。2005年に遠山大輔、佐藤大と共に、お笑いトリオ「グランジ」を結成。東京ガスのラジオCMを機に広告制作に携わるようになり、同作で2016年度TCC新人賞を受賞。受賞歴に第45回フジサンケイグループ広告大賞・メディア部門ラジオ最優秀賞、第11回ニッポン放送CMグランプリ、ACC TOKYO CREATIVITY AWARDSなどがある。

全米《ぜんべい》は、泣《な》かない。 〈検印省略〉

2018年 3 月 20 日 第 1 刷発行

著 者——五明 拓弥（ごめい・たくや）
発行者——佐藤 和夫

発行所——株式会社あさ出版
〒171-0022 東京都豊島区南池袋 2-9-9 第一池袋ホワイトビル 6F
電 話 03（3983）3225（販売）
03（3983）3227（編集）
F A X 03（3983）3226
U R L http://www.asa21.com/
E-mail info@asa21.com
振 替 00160-1-720619

印刷・製本 美研プリンティング（株）
乱丁本・落丁本はお取替え致します。

facebook http://www.facebook.com/asapublishing
twitter http://twitter.com/asapublishing

ISBN978-4-86667-021-8 C2034